진 짜 진 짜

한국사

고과서

논술

2권

후삼국~고려

SiSO
study

저자

김경선
아들 준수에게, 조카들에게, 동네 어린 친구들에게 재미있고, 유익한 이야기를 들려주고 싶어 글을 쓰고 있습니다. 2005년에 《미래과학사전》으로 과학기술부 과학문화재단에서 우수과학도서상을 받았고, 국립중앙박물관 음성 안내 서비스 원고와 국립 한글박물관 어린이 책을 집필했습니다.
과학, 역사, 문화, 철학 등 다방면에 관심을 갖고 어린이·청소년 책을 기획하고 썼습니다. 그동안 쓴 책으로는 《와글와글 할 말 많은 세계사 1》, 《떴다! 지식 탐험대-인체, 공룡》, 《돌멩이랑 주먹도끼랑 어떻게 다를까?》, 《미니스커트는 어떻게 세상을 바꿨을까?》, 《꼰대아빠와 등골브레이커의 브랜드 썰전》, 《세상을 들여다보는 한자》, 《말공부 역사공부》, 《세상을 흔들어라 콘텐츠의 힘》 등이 있습니다.

한화주
어린이 책을 쓰고 있습니다. 친구랑 노는 것처럼 재미있고, 생각이 자라는 데 도움을 주는 글을 쓰고 싶습니다. 그동안 쓴 책으로는 《와글와글 할 말 많은 세계사 2》, 《신통방통 거북선》, 《공부가 쉬워지는 한국사 첫걸음》, 《떴다! 지식 탐험대-민속 편·인성 편》, 《미래를 살리는 착한 소비 이야기》, 《어린이를 위한 동물 복지 이야기》, 《대한민국 도시 탐험》, 《다문화 친구 민이가 뿔났다》, 《권정생의 호롱》 등이 있습니다.

강영주
어린이가 책을 재미있게 읽고 글을 잘 쓰는 방법을 연구하며, 국어(한글), 독해, 논술, 역사, 사회, 과학 분야에서 여러 책을 기획·집필하고 있습니다. 《고전 안에 일기 비법 있다!》가 한국출판문화산업진흥원 우수 콘텐츠로 선정되었으며, 현재 《한국사 잡는 독해》를 〈어린이 조선〉에 연재하고 있습니다.
그동안 쓴 책으로는 《내 손으로 그리는 한국사》, 《내 손으로 그리는 세계사》, 《역사 안에 속담 있다!》, 《맞춤법 잡는 글쓰기》, 《교원 용어 한국사》, 《교원 통째로 먹는 사회·과학》, 《기탄 한글떼기》 등이 있습니다.

감수

황은희
고려대학교 역사교육과를 졸업한 뒤 서울교육대학교 대학원 사회과교육과에서 공부했습니다. 초등학교에서 아이들을 가르치고 있으며, 그동안 쓴 책으로는 《그림으로 보는 한국사 2, 4, 5》, 《어린이들의 한국사》(공저), 《나의 첫 세계사 여행》(공저) 등이 있습니다.

'내일 뉴스'가 되는 역사

지금도 가끔 기억나는 만화가 있어요. 제목이 〈내일 뉴스〉였는데요. 만화 속 주인공이 다른 사람들은 모르는 내일 뉴스를 보며, 다음 날 어떤 일이 일어날지 미리 아는 내용이었어요. 어릴 적 그 만화 주인공이 얼마나 부러웠는지 몰라요. 나쁜 일은 미리 막고, 좋은 일은 더 많이 경험할 수 있을 테니까요. 만약 여러분도 내일 뉴스를 볼 수 있다면 어떻게 하겠어요?

영국의 시인 바이런은 "미래에 대한 최선의 예언자는 과거다."라고 말했어요. 과거를 보면 미래를 예측할 수 있다는 뜻이죠. 과거를 기록한 역사를 돌이켜 보면, 비슷한 일이 반복되는 걸 알 수 있어요. 우리는 지금 여러분에게 내일 뉴스를 소개하려고 해요.

삼국 시대 백제, 고구려, 신라 세 나라는 차례로 고대 국가의 기틀을 마련해요. 불교로 백성들의 마음을 한데 모으고, 왕권을 강화했지요. 그리고 나라의 질서를 만들기 위해 법을 만들었어요. 이렇게 나라의 기틀을 마련하자 세 나라는 차례로 전성기를 맞아요. 전성기를 맞은 순서도 나라의 기틀을 마련한 순서와 같이 백제, 고구려, 신라 순서였지요. 아마 당시에 누군가는 나라의 기틀을 마련하면 강한 나라로 발전할 수 있다는 것을 다른 나라의 역사를 보고 알고 있었을지 몰라요.

역사를 통해 알 수 있는 내일 뉴스는 이렇게 거창한 것만 있지 않아요. 역사는 결국 사람들의 이야기지요. 우리보다 앞서 살았던 역사 속 인물들의 행동과 선택을 답안지 삼아 우리의 문제를 해결할 수 있어요. 그들의 이야기가 결국 내 삶의 내일 뉴스가 되는 것이지요.

그런데 말이에요. 무작정 역사적인 사건을 외워서는 내일 뉴스를 제대로 볼 수 없어요. 역사를 공부하고, 그 의미를 생각하는 시간이 꼭 필요해요. 옛날이야기처럼 재미있는 역사 이야기를 읽고, 그 이야기에 담긴 의미를 논술 문제를 통해 곰곰이 생각해 보세요. 그러면 역사 실력도 늘고, 나만의 내일 뉴스도 볼 수 있을 거예요. 여러분의 멋진 내일을 기원합니다!

2021년 6월 저자 일동

3

쉽고 재미있고 똑똑하게 만나는 한국사

《진짜 진짜 한국사 교과서 논술》은 초등 사회 교과서를 중심으로 한국사와 논술을 결합한 학습서입니다. 이야기를 읽으며 역사를 재미있게 이해하고, 마인드맵으로 역사적 맥락을 쉽게 짚고, 서술·논술형 문제로 역사적 의미를 똑똑하게 파악할 수 있습니다. 여기에 스스로 세우는 학습 계획표와 자신의 학습 능력을 평가할 수 있는 수행 평가까지 마련되어 자기 주도 학습 습관을 확실하게 잡아 줍니다.

선사 시대부터 우리가 살아가는 현대까지 한국사의 중요한 사건들을 총 5권으로 정리했습니다. 하루에 3장씩 이야기를 읽고 문제를 풀다 보면 100일 뒤에는 한국사의 전체 흐름을 이해하는 것은 물론, 역사적 안목까지 갖출 수 있어요.

만화처럼
흥미로운
스토리
한국사

진쌤과 은파, 미루와 함께하는 한국사는 지루하거나 어렵지 않습니다. 진쌤의 친절하고 꼼꼼한 설명과 은파와 미루의 톡톡 튀는 대화는 역사 이야기에 더욱 집중할 수 있게 해 줍니다.

어떻게 공부할까?

❶ 나만의 학습 계획표 짜기

하루에 하나씩 이야기를 읽고 1장의 문제로 점검합니다. 그럼 20일에 한 권을 완성할 수 있어요. '진짜 진짜 나만의 학습 계획표'를 보면서 스스로 학습 계획을 세워 보세요.

❷ 연표로 예상하기

본격적으로 이야기를 읽기 전, 공부할 내용을 미리 생각해 볼 수 있도록 구성했습니다. 대표 그림과 제목을 보고 무엇을 이야기하는지 예상해 보세요. 또, 연표와 사진 등을 통해 어떤 사건이 일어났는지 확인한 다음, 앞으로 무슨 이야기가 펼쳐질지 미리 짐작해 보세요.

❸ 한국사 이야기 읽기

호기심 많은 은파와 미루, 친절하고 명쾌한 진쌤과 함께 한국사 이야기를 읽어 보세요. 이야기는 초등 사회 교과서를 중심으로 구성했으며, 중·고등 교과서에 실린 내용도 쉽게 풀어 다루었습니다. 교과 과정에서 꼭 다루는 역사적 사건을 비롯해 주요 인물, 역사 용어, 문화유산 등을 모두 담았습니다.

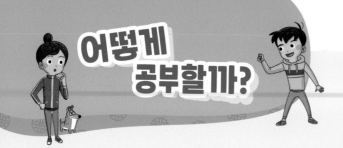

④ 풍부한 자료 읽기

어려운 단어가 있더라도 걱정하지 마세요. 내용을 쉽게 이해할 수 있도록 낱말과 역사 용어의 뜻풀이는 물론, 한자어까지 풀어놓았어요. 또한 당시 상황을 한눈에 알 수 있는 삽화와 정보를 담은 지도, 생생한 문화유산 사진 등 풍부한 시각적 자료를 제시해 읽고 해석하는 능력과 탐구 능력을 기를 수 있습니다.

⑤ 핵심 콕콕 역사 퀴즈

이야기를 다 읽은 뒤에는 역사 퀴즈를 풀어 보세요. 핵심만 딱 짚어 주는 사건 및 용어를 바탕으로 문제를 구성했습니다. 어렵고 딱딱한 시험이 아니라 마치 게임을 하듯 재미있게 문제를 풀 수 있습니다.

⑥ 서술·논술 완벽 대비

핵심 개념을 퀴즈로 풀었다면, 이제 공부한 내용을 바탕으로 사고력을 높일 수 있는 서술 및 논술형 문제를 풀 차례입니다. 역사의 주요 사건을 중심으로 원인과 결과를 분석하고, 자신의 생각을 정리해 볼 수 있습니다.

❼ 한눈에 쏙 마인드맵

한 주 과정을 모두 마치고 난 다음, 역사적 사건과 맥락을 마인드맵으로 요약·정리합니다. 주요 사건의 앞뒤 상황을 이해하고 내용의 흐름을 한눈에 파악할 수 있습니다. 시험에 자주 나오는 핵심 개념 중심으로 정리한 마인드맵으로 체계적인 학습을 해 보세요.

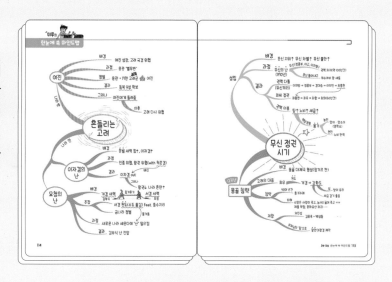

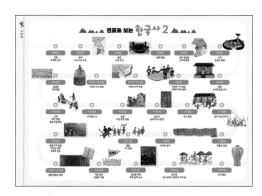

❽ 실전 대비 수행 평가

앞서 읽은 내용을 스스로 정리하며 마무리하는 활동입니다. 수행 평가를 미리 학습할 수 있어 교과 과정을 따라가는 데에도 효과적입니다. 다양한 활동으로 구성한 수행 평가로 자기 주도 학습 능력을 길러 보세요.

부록

❶ 연표로 보는 한국사

각 권마다 시대별 주요 인물과 사건, 문화유산 등을 쭉 훑어볼 수 있는 연표가 수록되어 있습니다. 시대별 변화를 비교해 보며 역사와 문화, 인물, 생활 등을 한눈에 펼쳐 보세요.

❷ 마인드맵 노트

역사적 핵심 개념을 한눈에 확인하는 마인드맵을 직접 그려 보세요. 꼭 알아야 할 역사적 주요 사건이나 인물, 문화유산 등을 채우며 한국사 지식을 더욱 탄탄하게 쌓을 수 있습니다.

진짜진짜 교과 관련 연계 학습표

권	관련 교과
1권 선사 ~ 남북국	**초등** [사회 5-2] 1. 옛사람들의 삶과 문화 (1) 나라의 등장과 발전 **중등** Ⅰ. 선사 문화와 고대 국가의 형성 Ⅱ. 남북국 시대의 전개
2권 후삼국 ~ 고려	**초등** [사회 5-2] 1. 옛사람들의 삶과 문화 (2) 독창적 문화를 발전시킨 고려 **중등** Ⅲ. 고려의 성립과 변천
3권 조선 건국 ~ 조선 후기	**초등** [사회 5-2] 1. 옛사람들의 삶과 문화 (3) 민족 문화를 지켜 나간 조선 **중등** Ⅳ. 조선의 성립과 발전
4권 조선 후기 ~ 대한 제국	**초등** [사회 5-2] 2. 사회의 새로운 변화와 오늘날의 우리 (1) 새로운 사회를 향한 움직임 **중등** Ⅴ. 조선 사회의 변동
5권 대한 제국 ~ 현대	**초등** [사회 5-2] 2. 사회의 새로운 변화와 오늘날의 우리 　(2) 일제의 침략과 광복을 위한 노력 　(3) 대한민국 정부의 수립과 6 · 25 전쟁 **초등** [사회 6-1] 1. 우리나라의 정치 발전 (1) 민주주의의 발전과 시민 참여 2. 우리나라의 경제 발전 (2) 우리나라의 경제 성장 **중등** Ⅵ. 근 · 현대 사회의 전개

＊중학교 역사 교과서는 금성출판사를 바탕으로 기재했습니다.

진짜진짜 나만의 학습 계획표

900년	901년	918년	926년
견훤 후백제 건국	궁예 후고구려 건국	왕건 고려 건국	발해 멸망

1주

936년

고려
후삼국 통일

956년

광종
노비안검법 실시

983년

성종
12목 지방관 파견

흔들리는 신라, 후삼국 시대

이제 삼국이 통일되었으니 평화가 시작되는 거 아니에요?

삼국이 통일되고 약 100년 뒤부터 나라가 삐걱대기 시작했어.

이번에는 또 무슨 일 때문에 혼란스러운 걸까요?

신라의 귀족들이 왕위를 차지하려고 서로 다투기 시작했거든. 귀족들은 신라의 수도인 금성(지금의 경주)에 커다란 기와집을 짓고 호화롭게 살았어. 백성에게 많은 세금을 거두어 흥청망청 썼으니 자연히 백성은 세금을 내느라 힘겨웠지. 세금을 감당하지 못해 정든 고향을 떠나 떠돌이 신세가 된 백성도 생겼어. 이들은 먹고 살기 위해 도둑이 되기도 했지. 그러던 때에 가뭄으로 나라에 큰 흉년이 들었지 뭐야. 농사를 지으며 살아가는 백성의 생활은 더욱 힘겨워졌어. 그런데 신라의 왕과 귀족들은 백성의 고통에 아랑곳하지 않고 오히려 이렇게 큰소리를 쳤지.

합천 해인사 길상탑 해인사 입구에 있는 통일 신라 시대에 만든 석탑이야. 진성여왕 8년(894)에 혼란한 상황에서 도적들에게 목숨을 빼앗긴 56명의 영혼을 달래기 위해 탑을 세웠다고 탑지에 기록되어 있어.

"나라의 곳간이 텅텅 비었다. 각 지방에서는 세금을 더 거두어 보내도록 하라!"

참 해도 해도 너무하지? 결국 참다못한 농민들이 들고일어났어.

"먹을 곡식도 없는데 무슨 수로 세금을 더 내란 말이냐!"

"더는 왕과 귀족의 명령을 따를 수 없다!"

889년, 농민 '원종'과 '애노'가 사벌주에서 마을 사람들을 이끌고 봉기했어. 이들 외에도 곳곳에서 지나친 세금에 화가 난 농민들이 들고일어났지.

이렇게 왕과 귀족들이 나라를 제대로 돌보지 않는 사이, 지방에서는 힘을 키운 사람들이 등장했어. 이들을 '호족'이라고 해. 호족들은 자신을 '성주' 또는 '장군'이라고 불렀어. 호족은 지방을 직접 다스리며 세금을 거두고 군사를 거느렸지. 더 넓은 지역을 차지하기 위해 서로 싸움을 벌이기도 했어. 호족 가운데에서도 유난히 큰 힘을 떨친 두 사람이 있었는데, 바로 견훤과 궁예야. 견훤과 궁예는 빠르게 힘을 키우더니, 아예 새로운 나라를 세웠어.

사벌주 신라의 9주 가운데 하나로, 지금의 경상북도 상주 지역

蜂 벌 **봉**
起 일어날 **기**
벌 떼처럼 떼 지어 세차게 일어남

호족 지방에 큰 세력을 가진 무리

견훤은 농민 출신의 장군으로, 어릴 때부터 몸집이 크고 힘도 아주 셌어. 열다섯 살이 되던 해에 나라를 지키는 군인이 되었지. 견훤은 무척 용감한 군인이었어. 언제든 적과 싸울 수 있도록 잠을 잘 때도 베개 대신 창을 베고 잤대. 그러던 중 남쪽 바다를 침략한 왜적을 물리치는 데 큰 공을 세워서 군사들을 이끄는 높은 자리에 올랐지.

견훤은 농민들이 들고일어나고, 호족들이 세력을 키우는 모습을 보면서 딴마음이 들었어. 기울어 가는 신라를 지키는 대신 새로운 나라를 세우려는 욕심이 생긴 거지.

900년, 견훤은 자기가 이끄는 군사들을 데리고 옛 백제의 땅으로 가서 나라를 세웠어. 완산주(지금의 전주)를 수도로 삼고, 나라 이름은 후백제로 정했지.

이번에는 또 다른 나라를 세운 궁예 이야기를 들려줄까? 궁예는 신라의 왕자였다고 전해져. 궁예가 아기였을 때 귀족들은 왕위를 두고 다툼을 하며 궁예를 죽이려고 했대. 그래서 군사를 보내 궁예를 높은 곳에서 떨어뜨린 거야. 다행히 유모가 받아 목숨은 구했지만, 이때 유모가 손으로 눈을 찔러 궁예는 한쪽 눈을 잃었다고 해. 그렇게 살아남은 궁예는 숨어 살다가 다 자란 뒤에야 자신이 신라의 왕자였다는 사실을 알게 된단다.

倭 왜나라 **왜**
賊 도둑 **적**
도둑질하는 일본 사람을 낮잡아 이르는 말

▲ 후삼국 영토

궁예는 큰 충격을 받고 절에 들어가 스님이 됐어. 그러나 결국 자기를 해치려던 귀족들에게 맞서기로 마음먹고 절을 나왔지. 궁예는 호족의 부하로 있으면서 차츰 사람들의 마음을 얻기 시작했어. 자신을 따르는 사람이 점점 늘어나자 901년, 마침내 새로운 나라를 세웠지. 궁예는 나라 이름을 후고구려로 정하고, 송악(지금의 개성)을 수도로 삼았어.

이렇게 신라는 다시 세 나라로 나뉘었어. 신라와 후백제, 후고구려의 힘겨루기가 시작된 거야. 마치 옛날에 고구려, 백제, 신라가 경쟁하던 삼국 시대처럼 말이야. 그래서 이때를 후삼국 시대라고 한단다.

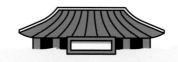

핵심 콕콕 역사 퀴즈

◎ 다음 지도에 들어갈 나라 이름을 쓰고, 설명에 들어갈 알맞은 낱말을 보기 에서 찾아 써 보세요.

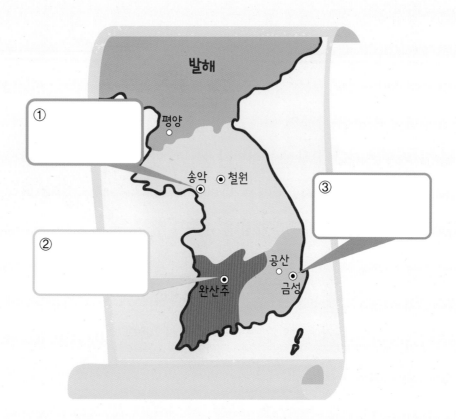

발해

평양

①

송악 ◉ ◉ 철원

③

②

공산

완산주 ◉ ◉ 금성

보기
| 후고구려 | 호족 | 귀족 | 후백제 | 궁예 | 봉기 | 견훤 |

(1) 신라의 왕과 (   )들은 호화롭게 살았지만 백성은 먹고살기 힘들었다.

(2) 사벌주에서는 원종과 애노가 마을 사람들을 이끌고 (   )했다.

(3) 지방에서는 힘을 키운 (   )이/가 등장했다.

(4) (   )은/는 옛 백제의 땅에 (   )을/를 세웠다.

(5) (   )은/는 따르는 사람이 늘어나자 (   )을/를 세웠다.

서술·논술 완벽 대비

1 자신이 통일 신라 말의 호족이 되었다고 상상하며, 보기의 단어를 사용하여 자기소개를 해 보세요.

보기

| 왕 | 귀족 | 지방 | 성주 |

🖉

2 다음은 통일 신라 말, 해인사에 세운 길상탑입니다. 이 탑을 통해서 알 수 있는 시대 상황을 써 보세요.

혼란한 상황에서 도적들에게 목숨을 빼앗긴 56명의 영혼을 달래고자 합니다.

- 최치원 -

고려 건국과 후삼국 통일

후삼국의 분위기는 왕건이 등장하면서 달라졌어. 왕건의 집안은 무역으로 큰돈을 번 송악의 호족이었는데, 궁예가 후고구려를 세울 때 도움을 줬지. 이때부터 왕건도 궁예의 신하로 지내며 후고구려를 큰 나라로 키우기 위해 애썼단다. 왕건은 바닷길을 통해 후백제를 공격하고, 나주를 후고구려 땅으로 만들었어. 게다가 늘 백성을 잘 보살폈지. 이런 공을 인정받아 왕건은 후고구려에서 가장 높은 벼슬자리에 올랐어. 그런데 이 무렵에 궁예가 후고구려를 잘 다스리던 처음과 달리 이상하게 변해 갔지 뭐야.

"나는 관심법이라는 능력으로 사람의 속마음을 꿰뚫어 볼 수 있다!"

궁예는 강력한 힘을 가진 왕이 되길 원했어. 그러려면 호족의 힘을 눌러야 했지. 그래서 속마음을 알아낸다는 관심법을 핑계 삼아 신하들을 죽였어. 신하들은 날이 갈수록 포악해지는 궁예가 너무 두려웠어. 그래서 왕건을 찾아가 궁예를 몰아내고 새로운 왕이 되어 달라고 했단다.

▲ 나주는 전라남도의 한 지역이야. 본래 후백제 땅인 금성이었는데, 후고구려가 차지한 뒤 나주로 이름을 바꾸었어.

918년, 그렇게 궁예를 몰아내고 왕건이 왕위에 올랐어. 나라 이름은 '고구려를 잇는 나라'라는 뜻에서 고려로 바꾸었지. 고구려가 나라 이름을 나중에 고려로 바꿔 불렀거든.

궁예가 처음부터 포악한 건 아니었는데 왠지 안타깝네요.

궁예는 강한 왕권을 갖고 싶어 했어. 귀족들에게 휘둘리는 신라가 못마땅했으니까.

누구인가? 관심법에 집중하는데 누가 기침 소리를 내었어?

왕건이 세운 고려는 견훤이 세운 후백제와 힘겨루기를 시작했어. 신라는 어땠느냐고? 이미 기울대로 기울어서 이들의 상대가 되지 못했지.

927년, 견훤은 후백제 군사를 이끌고 신라로 쳐들어갔어. 당시 신라를 다스리던 경애왕은 고려의 왕건에게 도움을 청했지. 왕건과 고려군이 말을 타고 빠르게 달렸지만, 신라에 다다랐을 때는 이미 경애왕이 견훤의

경주 포석정지 통일 신라의 정원 시설물로, 의식을 치르거나 잔치를 열었다고 전해져. 경애왕은 이곳에서 견훤의 침략 소식을 들었어.

위협을 받아 목숨을 끊은 뒤였어. 왕건은 군사들을 이끌고 견훤의 뒤를 쫓았지.

사실 견훤은 왕건을 몰래 공격하기 위해 공산(지금의 대구) 지역에 숨어서 기다리고 있었어. 결국 공산 전투에서 고려는 후백제에 크게 지고 말았지.

그로부터 3년 뒤, 고려와 후백제는 고창(지금의 안동) 지역에서 다시 맞붙었어. 이번에는 고려가 큰 승리를 거두었지. 그러자 고려와 후백제의 힘겨루기를 지켜보던 많은 호족들이 왕건의 편에 섰단다.

고창 전투에서는 왕건이 승리했지만, 견훤은 절대 쉽게 쓰러뜨릴 수 있는 상대가 아니었어. 견훤이 이끄는 후백제군은 여전히 강했거든. 그런데 뜻밖에 일이 벌어졌어. 견훤이 넷째 아들 금강에게 왕위를 물려주려고 하자, 첫째 아들 신검이 반란을 일으킨 거야. 신검은 왕이 되기 위해 동생인 금강을 죽이고, 아버지 견훤을 절에 가두어 버렸단다. 견훤은 절에서 간신히 도망쳤지만, 후백제에 머물 수 없어서 왕건에게 도움을 청했지. 왕건은 견훤을 고려로 데려와 잘 대접해 주었어.

한편, 신라의 경순왕은 견훤이 왕건에게 갔다는 소식을 듣고, 깊은 한숨을 쉬었어. 무거운 마음으로 신하들을 한자리에 불러 모았지.

"견훤이 왕건에게 갔다면 머지않아 후백제는 고려에 무너질 것이다. 그다음은 우리 신라의 차례가 되겠지."

경순왕은 일찍이 고려에 항복하자고 했단다. 경순왕의 아들 마의 태자가 이를 반대했지만 경순왕의 결심은 흔들리지 않았지.

▲ 고창 전투와 공산 전투

결국 935년 신라의 경순왕은 고려의 왕건에게 항복했어. 신라를 내어 주며 잘 다스려 달라고 부탁했지. 이렇게 천 년을 이어온 신라가 역사 속으로 사라진 거야.

신라가 항복한 이듬해, 왕건은 드디어 군대를 이끌고 후백제로 향했어. 견훤의 첫째 아들 신검도 고려와 싸우기 위해 군대를 이끌고 나왔지. 그런데 고려군을 본 후백제 군사들은 깜짝 놀랐어. 고려군 맨 앞에 견훤이 있었기 때문이야.

"아! 우리가 어찌 옛 임금께 창칼을 휘두를 수 있단 말인가."

후백제 군사들은 싸울 마음을 잃었어. 신검은 왕건에게 밀리다 결국 무릎을 꿇었지. 936년, 고려는 후백제를 무너뜨리고 통일을 이루었단다.

충남 논산 개태사 철확 둘레가 9미터에 달하는 큰 무쇠 솥이야. 개태사는 태조 왕건이 고려를 세우자마자 지은 절인데, 당시 이 솥을 사용했다고 전해져.

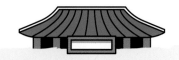

핵심 콕콕 역사 퀴즈

① 후삼국 통일 과정에 맞게 순서대로 빈칸에 번호를 써 보세요.

<table>
<tr><td></td><td>후고구려를 세운 궁예를 몰아내고 왕건이 고려를 세웠다.</td><td>2</td><td>공산 전투에서 고려의 왕건이 후백제의 견훤에게 크게 졌다.</td></tr>
<tr><td>4</td><td>견훤의 첫째 아들 신검이 반란을 일으켜서 견훤은 왕건에게 도망갔다.</td><td></td><td>경순왕이 왕건에게 항복했다.</td></tr>
<tr><td></td><td>고창 전투에서 후백제의 견훤이 고려의 왕건에게 크게 졌다.</td><td></td><td>왕건이 후백제를 무너뜨리며 후삼국을 통일했다.</td></tr>
</table>

② 다음 내용에서 틀린 것을 찾아 번호를 써 보세요. (   )

(1) 고려는 '고구려를 잇는 나라'라는 의미다.

(2) 왕건은 견훤과 신라를 모두 포용했다.

(3) 견훤의 공격을 받은 신라는 왕건에게 도움을 청했다.

(4) 마의 태자는 신라가 항복하는 것을 찬성했다.

서술·논술 완벽 대비

① 후고구려를 세운 궁예와 고려를 세운 왕건의 차이점이 무엇인지 써 보세요.

🖉

② 고려와 싸우지 않고 항복한 신라의 경순왕에 대해 어떻게 생각하나요? 자신의 생각을 써 보세요.

> 싸워서 이길 만한 힘이 없으니 항복하는 게 나아. 전쟁을 치른다면 죄 없는 백성만 목숨을 잃을 거야.

> 천 년을 이어온 나라를 망하게 할 수는 없어. 너무 쉽게 포기하는 행동이야.

🖉

고려를 위한 왕건의 노력

태조 왕건이 고려를 세우고 후삼국을 통일하는 데는 호족들의 도움이 컸어. 하지만 호족들이 처음부터 왕건을 지지했던 건 아니야. 왕건을 왕으로 인정하지 않고, 군사를 일으켜 왕건에게 맞서는 호족도 많았지.

왕건은 고려를 안정시키고 후삼국을 통일하기 위해서는 호족들의 마음을 얻어야 한다고 판단했어. 호족과 가까워지려고 여러 가지 노력을 기울였는데, 그중 하나가 '혼인 정책'이었단다. 호족의 딸과 결혼해서 관계를 두텁게 하는 거지. 왕건은 이렇게 생각했어.

'호족의 딸과 결혼하면 나는 호족의 사위가 된다. 장인어른이 딸과 함께 사는 사위를 공격하지는 않겠지.'

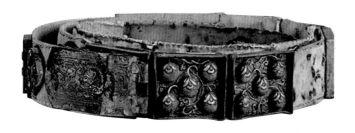
안동 태사묘 삼공신 유물 중 혁과대 태조 왕건이 안동에서 견훤과 싸울 때 활약한 권행, 김선평, 장정필의 사당에서 나온 거야. 이들은 공을 인정받아 대광태사라는 벼슬을 받았어.

호족들 역시 왕을 사위로 두면 권력을 잡을 수 있을 테니 마다할 이유가 없었지. 그래서 왕건은 자그마치 29명의 부인을 맞고, 25명의 아들과 9명의 딸을 두었단다. 게다가 왕건은 호족들에게 땅을 나눠 주고, 높은 벼슬을 내렸어. 자신의 성씨인 '왕씨'를 내려 주기도 했지.

다른 한편으로는 지방을 잘 다스리고 호족들을 억누르기 위해 사심관 제도와 기인 제도를 펼쳤어. '사심관'은 자신의 고향을 책임지고 다스릴 수 있는 벼슬이야. 사심관이 된 관리는 수도 개경에 머무르며, 자신이 맡은 지역을 관리해야 했어. 자기가 맡은 지역에 문제가 생기면 책임을 피할 수 없으니 열심히 일했지.

'기인 제도'는 호족의 아들을 개경에 머물게 하는 거야. 아들을 개경으로 보냈으니 호족들은 군사를 일으켜 개경으로 쳐들어갈 수 없었지. 그랬다가는 애지중지 키운 귀한 자식의 목숨이 위태로워질 테니까.

왕건은 힘겹게 살아가는 백성도 잘 보살폈어. 세금을 10분의 1로 낮춰서 백성의 짐을 덜어 주었지. 가난한 백성에게 곡식을 빌려주기도 하고, 오랜 전쟁에 시달린 백성의 마음을 다독이기 위해 불교 행사도 자주 열었단다.

개경 오늘날의 개성으로 '송악'으로도 불렸어.

○서경

◉개경

왕건은 옛 고구려 땅을 되찾기 위한 노력도 기울였어. 왕건이 나라 이름을 고려로 정한 까닭을 기억하니? 그래, 고구려를 잇는 나라라는 뜻에서 고려로 정했지. 그러니 왕건은 옛 고구려 땅 역시 고려가 되찾아야 한다고 생각한 거야.

이를 위해 왕건은 고구려의 도읍이었던 평양을 '서경'으로 고쳐 부른 뒤, 고려의 수도인 개경 다음으로 중요하게 여겼어. 왕건은 서경을 발판 삼아 옛 고구려 땅을 되찾기 위해 북진 정책을 펼쳤지. 북진 정책은 북쪽으로 나라의 세력을 뻗쳐 나가려는 정책이야.

그러던 926년, 발해가 거란의 침략을 받아 갑작스럽게 무너지고 말았단다. 발해의 세자는 백성들을 데리고 고려로 왔어. 왕건은 나라를 잃은 발해 세자와 백성도 따뜻하게 받아들였어. 세자에게는 성과 이름을 내려 주기도 했지.

西 서녘 **서**
京 서울 **경**
'서울'은 수도를 이르는 순우리말이야. 서경은 서쪽의 수도라는 뜻이지.

해동성국으로 불리던 발해가 갑자기 망하다니 너무 뜻밖이에요.

거란이 침입하기도 했지만, 발해 내부에도 문제가 있었어.

발해 유민도 받아들인 왕건의 포용 정책!

발해

어느덧 시간이 흐르고 나이가 든 왕건이 병에 걸려 자리에 눕고 말았지.

"내가 세상을 떠날 날이 머지않았구나. 죽음은 두렵지 않지만 고려의 앞날이 걱정이다."

왕건은 세상을 떠나기 전, 자신의 뒤를 이어 고려를 다스리게 될 왕들에게 10가지 가르침을 남겼어. 이를 '훈요십조'라고 해. 몇 가지 내용을 살펴볼까?

訓 가르칠 **훈**
要 중요할 **요**
十 열 **십**
條 가지 **조**

1조 불교의 힘으로 나라를 세웠으니, 불교를 중요하게 여겨라.
4조 중국의 좋은 제도와 풍습은 배우되, 꼭 똑같이 따를 필요는 없다. 거란은 본받지 마라.
5조 서경을 중요하게 여기며, 3년마다 100일 이상 서경에 머물도록 하라.
6조 연등회와 팔관회를 성실하게 열어라.
7조 어진 신하의 말을 듣고, 백성의 마음을 얻도록 하라.
10조 왕은 늘 유교 경전과 역사책을 읽고 옛일을 거울삼아 오늘을 경계하라.

발해를 멸망시킨 거란은 고려가 북쪽으로 영토를 넓히는 데도 방해돼.

4조!

훈요10조

서경은 개경보다 북쪽에 더 가까우니 북진 정책에 도움이 되지.

연등회와 팔관회를 통해 백성의 마음을 하나로 모을 수 있어.

5조!   6조!

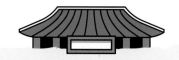

핵심 콕콕 역사 퀴즈

1 다음은 왕건이 펼친 여러 정책과 제도입니다. 초성 힌트를 보고 알맞은 단어를 써 보세요.

(1) 옛 고구려의 땅을 되찾으려는 정책

ㅂ ㅈ ㅈ ㅊ

☐ ☐ ☐ ☐

(2) 호족의 아들을 개경에 머물게 하는 제도

ㄱ ㅇ ㅈ ㄷ

☐ ☐ ☐ ☐

(3) 개경에 머물면서 자신의 고향을 다스리는 벼슬

ㅅ ㅅ ㄱ

☐ ☐ ☐

(4) 뒤를 이을 왕들에게 남긴 열 가지 가르침

ㅎ ㅇ ㅅ ㅈ

☐ ☐ ☐ ☐

2 다음은 어떤 나라에 대한 설명인지 써 보세요.

> 고구려 유민이 세운 이 나라는 거란의 침략으로 926년 갑작스럽게 무너졌다.
> 왕건은 나라를 잃은 이 나라 백성을 따뜻하게 받아들였다.

(   )

서술·논술 완벽 대비

○ 다음은 왕건이 고려를 세우고 실행한 것들입니다. 왕건이 이것들을 실행한 이유를 왕건의 입장에서 써 보세요.

여러 호족의 딸들과 결혼했다.

호족들에게 땅을 나눠 주고, 벼슬을 내려 주었다.

호족들에게 왕건의 성, '왕씨'를 쓸 수 있도록 했다.

내가 이렇게 한 이유는 🖉

세금을 10분의 1로 낮추었다.

가난한 백성들에게 곡식을 빌려주었다.

불교 행사를 자주 열었다.

내가 이렇게 한 이유는 🖉

광종, 왕의 힘을 키우다

왕건이 세상을 떠난 뒤, 호족들은 저마다 자기 외손자를 왕으로 만들겠다며 싸우기 시작했어. 왕건의 맏아들 혜종이 왕위에 올랐지만, 호족들은 틈만 나면 혜종을 해치려고 했지. 결국 혜종은 2년 만에 죽고, 정종이 고려의 세 번째 왕이 되었어. 그러나 정종도 병으로 4년 만에 세상을 떠났단다.

949년, 광종이 고려의 네 번째 왕이 되었어. 호족들이 왕을 위협하는 모습을 지켜본 광종은 생각했지.

"내가 고려를 잘 다스리기 위해서는 호족의 힘을 꺾어야 한다. 왕의 힘을 키워야 해!"

노비안검법 고려 초기 양인이었다가 노비가 된 사람을 조사하여 다시 양인이 될 수 있도록 만든 법

광종은 억울하게 노비가 된 사람을 노비 신분에서 풀어 주는 '노비안검법'을 만들었어. 그동안 호족들은 가난한 백성에게 곡식을 빌려주고 값비싼 이자를 받았어. 이자를 갚지 못한 백성을 함부로 끌고 가 노비로 삼았지. 노비에게 일을 시켜서 재산을 불리고, 무술 훈련을 시켜서 개인 병사로 부린 거야. 호족들의 힘은 이렇게 모은 노비에게서 나오는 셈이었지.

그러니 호족들이 노비안검법을 강하게 반대할 수밖에. 하지만 광종은 뜻을 굽히지 않았어.

"억울하게 노비가 된 백성에게 본래 신분을 되찾아 주는 건 당연한 일이거늘. 반대하는 이유가 무엇이오?"

광종의 물음에 호족들은 입을 다물수 밖에 없었어. 이렇게 해서 억울하게 노비가 되었던 사람들은 자유를 되찾고 양인이 되었지. 세금을 내는 양인이 많아지니 자연스럽게 광종의 힘은 커졌어.

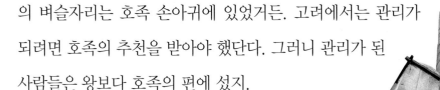

하지만 광종의 뜻대로 나랏일을 펼치기에는 어려움도 있었어. 고려의 벼슬자리는 호족 손아귀에 있었거든. 고려에서는 관리가 되려면 호족의 추천을 받아야 했단다. 그러니 관리가 된 사람들은 왕보다 호족의 편에 섰지.

'호족에게 아첨하는 관리가 아닌, 나를 도와서 고려를 잘 다스릴 실력 있는 인재가 필요하다. 무슨 방법이 없을까?'

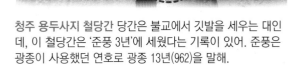

청주 용두사지 철당간 당간은 불교에서 깃발을 세우는 대인데, 이 철당간은 '준풍 3년'에 세웠다는 기록이 있어. 준풍은 광종이 사용했던 연호로 광종 13년(962)을 말해.

광종이 고민하고 있을 때, '쌍기'라는 신하가 시험을 치러서 관리를 뽑는 '과거 제도'를 제안했어. 쌍기는 원래 중국에서 고려를 찾아온 사신이었는데 광종의 신임을 얻어서 아예 고려에 눌러산 사람이야. 물론 누구나 과거를 치러서 관리가 될 수 있는 건 아니었어. 신분이 낮은 노비는 과거를 볼 수 없었지. 부지런히 농사를 지어야 먹고 살 수 있는 백성도 과거를 보기는 어려웠어. 그래도 과거 제도 덕분에 호족의 추천을 받지 못한 사람도 관리가 될수 있는 기회가 생긴거야. 과거 제도를 통해 관리가 된 신하들은 광종에게 충성하며 열심히 나랏일을 했어.

科 과목 **과**
擧 들 **거**

뒤이어 광종은 '공복'도 정했어. 공복은 관리가 나랏일을 할 때 입는 옷이야. 이때까지만 해도 관리들은 집안 형편에 따라 마음대로 옷을 지어 입었어. 왕보다 더욱 화려한 옷을 지어 입고 뽐내는 부자 관리도 있었지.

公 공평할 **공**
服 옷 **복**

"지금부터 공복의 색깔을 네 가지로 구분한다. 관리들은 벼슬의 높낮이에 따라 정해진 색깔의 옷을 입도록 하라!"

공복을 정하자 지위의 높고 낮음이 한눈에 구별되었어. 가장 높은 자리에 왕이 있다는 것도 분명해졌지.

채인범 묘지명 채인범은 중국 사람인데 광종이 벼슬을 내리고 집과 토지를 주었어. 채인범은 광종 이후에도 고려의 관리로 일했어.

그러던 때에 호족들이 불만을 품고 반란을 계획하고 있다는 소문이 돌았어. 이 사실을 안 광종은 불같이 화를 내며 반란을 계획한 호족들에게 큰 벌을 내렸지. 그 뒤로 광종은 조금이라도 자신의 뜻을 거스르는 호족은 감옥에 가두거나, 귀양을 보내고, 심지어 죽이기도 했어. 억울하게 죽은 호족도 많았지. 그래서 광종이 왕의 힘을 키우려고 지나치게 호족을 압박했다는 의견도 있어.

귀양 죄인을 먼 시골이나 섬으로 보내어, 일정한 기간 그곳에서만 살게 하던 형벌

핵심 콕콕 역사 퀴즈

○ 다음 내용이 맞으면 ○표, 틀리면 ✕표에 색칠해 보세요.

(1) 왕건이 세상을 떠나자, 호족들이 자신의 외손자를 왕으로 만들려고 다투었다.

(2) 광종은 억울하게 노비가 된 사람을 노비 신분에서 풀어 주는 노비안검법을 실시했다.

(3) 여러 명의 노비를 많이 부리던 호족들은 노비안검법을 적극적으로 찬성했다.

(4) 광종은 호족의 추천을 받아 관리가 되는 과거 제도를 시행했다.

(5) 과거 제도 덕분에 노비도 관리가 될 수 있었다.

(6) 광종은 관리에게 벼슬의 높낮이에 따라 정해진 색깔의 옷을 입게 했다.

서술·논술 완벽 대비

❶ 광종이 다음 정책들을 실행한 이유는 무엇인지 써 보세요.

| 노비안검법 | 과거 제도 | 공복 제정 |

✎

❷ 광종은 어떤 왕인 것 같나요? 광종이 실시한 정책들을 생각하며 자신의 생각을 써 보세요.

광종은 왕권을 강화했어.

억울하게 죽은 호족들도 많았지.

✎

나라의 기반을 다진 성종

고려의 제6대 왕인 성종은 왕과 신하가 함께 고려를 잘 다스릴 방법을 고민할 때라고 생각했어. 그래서 신하들에게 명령을 내렸지.

"나라를 잘 다스릴 방법을 써내도록 하라!"

여러 신하가 글을 올렸는데, 성종은 최승로의 '시무 28조'가 마음에 쏙 들었어. 시무 28조는 '지금 시급히 해야 할 28가지 일'을 적은 글이야. 최승로는 앞선 왕들이 잘한 일과 잘못한 일을 조목조목 짚은 다음, 성종이 지금 해야 할 일을 시무 28조에 담았지. 현재는 28개 가운데 22개만 전해져. 그중 몇 가지만 살펴볼까?

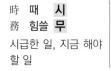

時 때 **시**
務 힘쓸 **무**
시급한 일, 지금 해야
할 일

- 관리와 백성의 의복은 달라야 한다.
- 연등회나 팔관회 같은 국가의 큰 행사는 백성의 부담이 크니 줄이도록 한다.
- 불교보다 유교에 따라 나라를 다스린다.

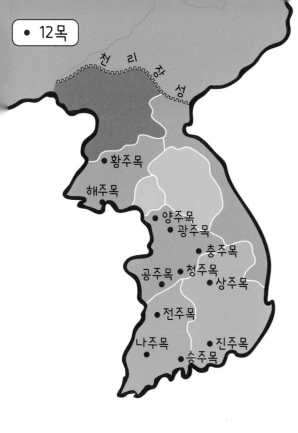

● 12목

성종은 최승로의 의견을 받아들였어. 먼저, 고려의 중요한 열두 곳을 '12목'으로 정하고 12목에 지방관을 보냈단다.

그동안 고려의 지방은 호족들이 맡아서 다스렸어. 그러다 보니 호족들이 제멋대로 지방을 다스리고 백성을 괴롭히는 일도 많았지. 하지만 왕이 직접 지방으로 보낸 관리들은 달랐어.

지방관 지방에서 그곳의 일을 맡아보는 으뜸 벼슬

왕의 명령대로 일을 처리하고, 그곳에서 일어난 일을 왕에게 낱낱이 알렸거든. 지방관은 나라 구석구석까지 왕의 뜻대로 다스릴 수 있게 도왔단다. 또한 최승로는 유교를 바탕으로 나라를 다스려야 한다고 강조했어. 사실 성종도 최승로와 같은 생각을 하고 있었지.

'유교의 가르침대로 모두가 왕에게 충성을 다한다면, 함께 고려의 발전을 위해 노력할 수 있을 것이다.'

유교는 중국 학자인 공자의 가르침을 따르는 사상이야. 유교에서는 임금에게 충성하고, 부모에게 효도해야 한다고 가르쳤단다.

思 생각 **사**
想 생각 **상**
어떤 사물에 대해 가지고 있는 구체적인 사고나 생각

오~ 기억하는구나! 성종은 불교 행사인 연등회와 팔관회를 폐지하기도 했어.

문화는 불교로! 정치는 유교로!

삼국 시대도 유교를 바탕으로 나라를 다스렸잖아요.

이때까지 고려의 왕들은 불교를 중요하게 여겼지만, 성종은 유교의 가르침을 바탕으로 나라를 다스리고 싶었던 거야. 그래서 성종은 유교를 가르치기 위해 개경에 국자감을 세우고 12목에 향교를 만들었어. 국자감은 국립 교육 기관이고, 향교는 지방 교육 기관이야. 고려의 많은 젊은이가 국자감과 향교에서 유학을 공부하며 나라를 이끌어 갈 인재로 자라났지.

성종은 백성도 잘 보살폈어. 가뭄과 홍수 같은 자연재해로 흉년이 들면 먹고살기 어려워지는 백성을 위해 '의창'을 만들었어. 의창은 평소에 곡식을 저장해 두었다가 흉년이 들었을 때 백성에게 곡식을 빌려주는 기관이야. 고구려에도 의창과 비슷한 제도가 있었잖아? 그래, 바로 진대법이 있었지. 의창은 이후 조선 시대까지 이어졌단다.

義 옳을 **의**
倉 곳집 **창**

성종은 곡식의 가격을 조절하는 기관인 '상평창'도 만들었어. 상평창은 풍년이 들면 곡식을 사들여 곡식 가격이 뚝 떨어지는 일을 막았어. 반대로 흉년이 들어서 곡식 가격이 오르면, 곡식을 내다 팔아서 가격을 내렸지.

義 항상 **상**
倉 평평할 **평**
倉 곳집 **창**

▶ 의창과 상평창은 고려 시대 백성의 생활을 안정시키기 위한 제도였어.

성종은 중앙의 정치 기구도 정비했어. 쉽게 말하면, 나랏일을 하는
관청을 새롭게 고친 거란다. 그래서 성종은 당나라의 정치 기구인 3
성 6부를 참고해 2성 6부를 정했어.

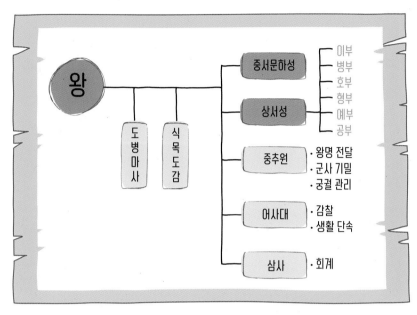

▲ 고려의 중앙 정치 기구

2성 6부 가운데 '중서문하성'에서는 나라의 중요한 일을 의논하고
결정했어. 그러면 '상서성'과 그 아래의 '6부'가 나랏일을 처리했단다.
이외에도 각 기구가 나랏일을 나누어 맡아 보았어.

이처럼 성종은 많은 일을 하면서 나라의 기반을 단단히 다졌지.

핵심 콕콕 역사 퀴즈

○ 가로세로에 들어갈 알맞은 답을 빈칸에 써 보세요.

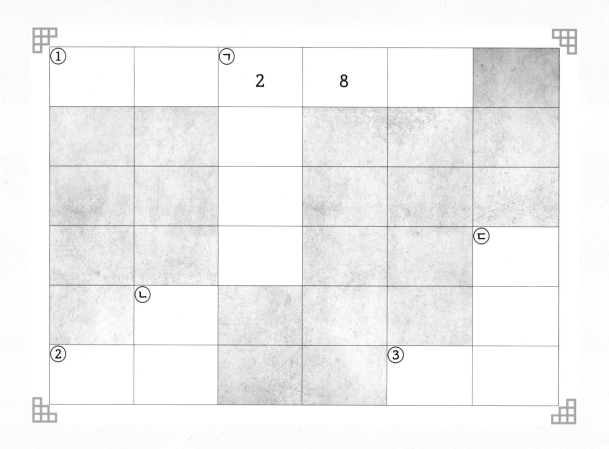

가로 열쇠

① '지금 시급히 해야 할 28가지 일'이라는 뜻으로, 최승로가 성종에게 올린 글

② 중국 학자인 공자의 가르침을 따르는 사상으로, 최승로는 이를 바탕으로 나라를 다스려야 한다고 주장함

③ 평소에 곡식을 저장해 두었다가 흉년이 들었을 때 가난한 백성에게 곡식을 빌려주는 기관

세로 열쇠

㉠ 당나라의 정치 기구인 3성 6부를 참고해 만든 고려의 중앙 정치 기구

㉡ 지방에서 학생들을 가르치는 지방 교육 기관

㉢ 곡식의 가격을 조절하는 기관. 풍년이 들면 곡식을 사들여 곡식 가격이 떨어지는 것을 막고, 흉년이 들면 곡식을 내다 팔아 곡식 가격이 치솟는 것을 막음

서술·논술 완벽 대비

① 성종은 12목에 지방관을 보냈어요. 지방관을 보내면 좋은 점을 2가지 써 보세요.

② 최승로는 고려를 잘 다스리기 위해 시급하게 해야 하는 28가지 일을 성종에게 올립니다. 만약 최승로가 오늘날에 있었다면 시무 28조에 어떤 내용을 썼을까요? 우리나라가 시급하게 해야 하는 게 무엇인지 자신의 생각을 써 보세요.

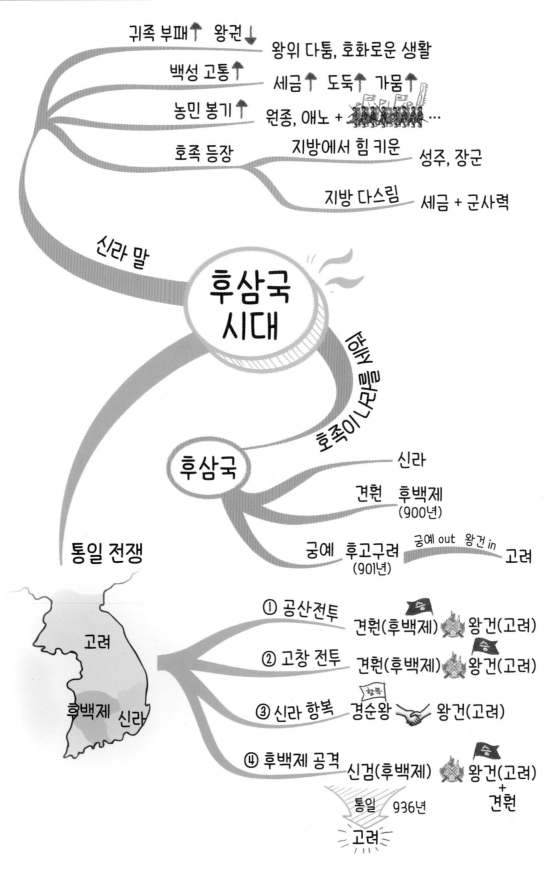

귀족 부패↑ 왕권↓

왕위 다툼, 호화로운 생활

백성 고통↑

세금↑ 도둑↑ 가뭄↑

농민 봉기↑

원종, 애노 + ···

호족 등장

지방에서 힘 키운

성주, 장군

지방 다스림

세금 + 군사력

신라 말

후삼국 시대

호족이 나라 세움

후삼국

신라

견훤 후백제 (900년)

궁예 후고구려 (901년)

궁예 out 왕건 in

고려

통일 전쟁

고려

후백제 신라

① 공산전투 견훤(후백제) 승 왕건(고려)

② 고창 전투 견훤(후백제) 승 왕건(고려)

③ 신라 항복 항복 경순왕 왕건(고려)

④ 후백제 공격 신검(후백제) 승 왕건(고려) + 견훤

통일 936년

고려

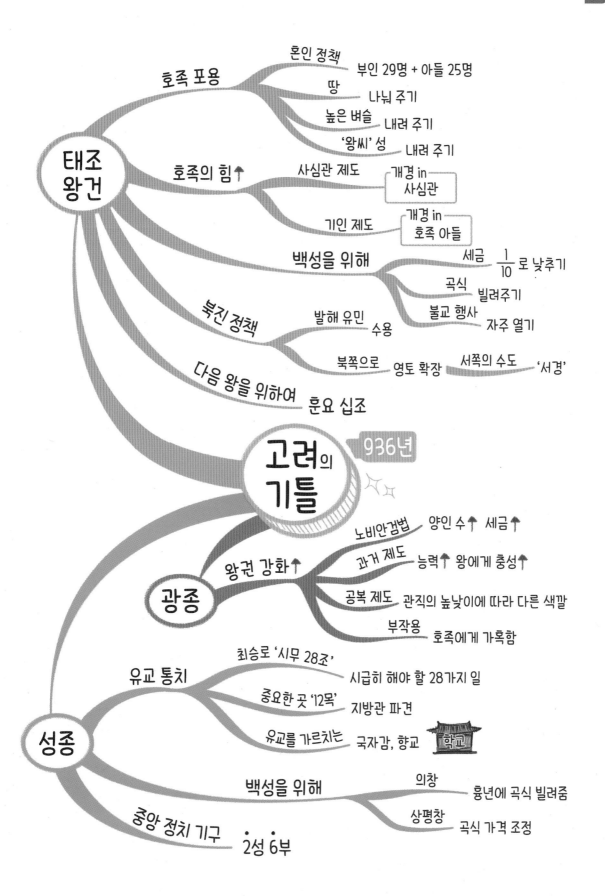

태조 왕건

- 호족 포용
  - 혼인 정책 — 부인 29명 + 아들 25명
  - 땅 — 나눠 주기
  - 높은 벼슬 — 내려 주기
  - '왕씨' 성 — 내려 주기
- 호족의 힘↑
  - 사심관 제도 — 개경 in 사심관
  - 기인 제도 — 개경 in 호족 아들
- 백성을 위해
  - 세금 $\frac{1}{10}$ 로 낮추기
  - 곡식 — 빌려주기
  - 불교 행사 — 자주 열기
- 북진 정책
  - 발해 유민 — 수용
  - 북쪽으로 영토 확장 — 서쪽의 수도 '서경'
- 다음 왕을 위하여 — 훈요 십조

고려의 기틀 936년 ✧☆

광종

- 왕권 강화↑
  - 노비안검법 — 양인 수↑ 세금↑
  - 과거 제도 — 능력↑ 왕에게 충성↑
  - 공복 제도 — 관직의 높낮이에 따라 다른 색깔
  - 부작용 — 호족에게 가혹함

성종

- 유교 통치
  - 최승로 '시무 28조' — 시급히 해야 할 28가지 일
  - 중요한 곳 '12목' — 지방관 파견
  - 유교를 가르치는 국자감, 향교
- 백성을 위해
  - 의창 — 흉년에 곡식 빌려줌
  - 상평창 — 곡식 가격 조정
- 중앙 정치 기구 — 2성 6부

○ 새로운 나라, 고려를 다른 나라에 알리고 싶어요. 어떤 내용을 담으면 좋을까요?
고려를 알리는 광고지를 글과 그림으로 꾸며 보세요.

고려를 소개합니다!

○ 다음 왕들 중 하나를 골라 자기소개서를 만들어 보세요.

태조 왕건   광종   성종

자기소개서

기본 사항   작성일:
_____

이름:

성별:

국적:

경력
_____

특기 사항
_____

자기소개
_____

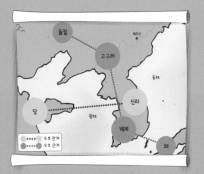

993년

거란의 1차 침입
서희의 외교 담판

1010년

거란의 2차 침입

2주

1018년

거란의 3차 침입

1019년

강감찬
귀주대첩

거란을 물리친 서희의 담판

사신 왕이나 국가의 명
령으로 외국에 가는 신
하

고려의 북쪽에 있는 '거란'이라는 나라 기억하니? 발해를 멸망시킨 나라 말이야. 왕건이 고려를 다스리던 시절, 거란은 사신을 보내 고려와 친하게 지내고 싶다고 했어. 거란 사신들은 낙타를 50마리나 끌고 와 선물로 바쳤지. 하지만 왕건은 거란의 요청을 단호히 거절했어.

"거란은 발해를 멸망시킨 나라다. 그런 나라와는 가까이 지낼 수 없다."

왕건은 거란 사신들을 먼 섬으로 귀양 보내고, 낙타 50마리를 굶겨 죽였단다. 이 일이 있은 뒤로, 고려는 계속 거란을 멀리했어. 대신 송나라와 가까이 지냈지.

그런데 거란이 점점 힘을 키우더니, 고려를 침략했어. 993년, 거란의 장수 소손녕이 이끄는 80만 대군이 고려로 몰려왔지. 거란은 순식간에 고려의 여러 성을 차지했어. 그러고는 성종에게 고려가 차지한 옛 고구려 땅을 내놓으라고 했단다. 성종과 신하들은 걱정이 컸어. 땅을 내주지 않으면, 거란과 큰 전쟁을 치르게 될 테니까.

"차라리 땅을 주는 게 피해를 줄이는 길입니다."

신하들은 거란의 요구를 들어주자고 했어. 성종도 별수 없이 신하들의 의견을 받아들이려고 했지. 그때 고려의 외교관 '서희'가 나섰어.

"우리 땅을 절대 거란에 주어서는 안 됩니다. 제가 거란 장수 소손녕을 만나 이 문제를 확실히 해결하고 오겠습니다."

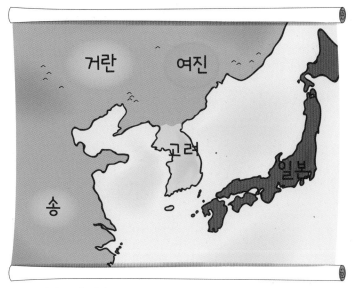

▲ 고려와 주변 나라들

사실 거란은 고려의 북쪽 땅을 갖고 싶은 게 아니었어. 당시 거란은 중국 송나라와 전쟁을 치를 계획을 세우고 있었지. 그런데 전쟁을 하자니, 송나라와 친하게 지내는 고려가 걸렸어. 고려가 송나라를 도와 거란의 뒤를 치면 큰일이니까. 그래서 송나라와 전쟁을 벌이기 전에 먼저 고려를 침략한 거야. 으름장을 놓아 고려와 송나라의 관계를 끊어 놓을 셈이었던 거지. 서희는 이런 거란의 속뜻을 꿰뚫고 있었단다.

談 말씀 **담**
判 판가름할 **판**
맞선 관계에 있는 서
로가 의논하여 옳고
그름을 판단함

서희는 거란 장수 소손녕을 찾아갔어. 서희와 소손녕의 담판이 시작됐지. 소손녕이 말했어.

"그대 나라는 신라 땅에서 일어났고 옛 고구려 땅은 모두 거란의 차지가 되었소. 그러니 옛 고구려 땅은 원래 우리 땅이오."

"고려는 고구려를 잇는 나라요. 나라 이름이 '고려'인 것만 보아도 알 수 있지 않소? 그러니 남의 땅을 차지하고 있는 것은 우리가 아니라 거란이오. 도리어 거란이 옛 고구려 땅을 우리 고려에게 돌려주어야 하오."

서희는 소손녕의 말에 조목조목 반박했어. 소손녕이 들어 보니, 서희의 말이 백번 옳았지. 소손녕은 더는 억지를 부리지 못한 채 슬그머니 속셈을 드러냈어.

"그런데 고려는 어째서 거란을 멀리하고, 송나라하고만 가깝게 지내는 거요?"

50

"고려에서 거란으로 가는 길목인 압록강 주변을 여진족이 막고 있어서 교류하기 어렵소. 만약 여진족을 몰아낸다면 거란과 가까이 지낼 수 있을 것이오"

"고려가 이미 화해를 청하니 마땅히 군사를 되돌리라고 하겠소."

담판은 이렇게 끝이 나고 소손녕은 거란군을 이끌고 자기 나라로 돌아갔어. 그 뒤 고려는 압록강 주변에 있는 여진족을 몰아냈지. 그곳을 '강동 6주'라고 부르며 고려의 땅으로 만든 거야.

거란의 침략으로 고려는 위험에 처했지만, 서희의 뛰어난 지혜와 외교 능력 덕분에 싸우지 않고 물리칠 수 있었어. 게다가 강동 6주까지 확보했지.

거란의 글씨가 새겨진 거울 개성에서 출토된 이 청동 거울은 고려와 거란의 교류를 통해 고려로 들어왔을 거야.

강동 6주를 확보하면 뭐가 좋아요?

수도 개경으로 통하는 길목을 튼튼하게 지키고 무역도 활발하게 할 수 있지.

국제 정세를 정확하게 읽은 서희의 외교술이 정말 멋져요!

• 강동 6주

요(거란)

여진

흥화지
용주
통주
귀주
칠주
곽주

고려

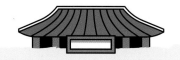

핵심 콕콕 역사 퀴즈

○ 빈칸에 들어갈 알맞은 말을 글자판에서 찾아 써 보세요.

(1) 고려는 거란을 멀리하고, ⬜ 나라와 친하게 지냈다.

(2) 고려의 북쪽에 자리 잡고 있으면서 발해를 멸망시킨 ⬜⬜ 이/가 성종

이 다스리는 고려로 쳐들어왔다.

(3) 거란이 땅을 내놓으라고 요구하자, ⬜⬜ 이/가 거란 장수 소손녕

을 만나 담판을 지었다.

(4) 고려는 압록강 주변에 있는 여진족을 몰아내고, 그곳을 고려 땅으로 만들어

⬜⬜⬜⬜ (으)로 불렀다.

서술·논술 완벽 대비

❶ 다음 지도를 보고 거란이 고려를 침략한 이유를 설명해 보세요.

❷ 서희는 거란의 장수 소손녕과 담판을 지어 거란을 물리쳤어요. 자신이 서희가 되었다고 상상하며 다음 소손녕의 말에 어떻게 반박할지 써 보세요.

그대 나라는 신라 땅에서 일어났고 옛 고구려 땅은 모두 거란의 차지가 되었소. 그러니 옛 고구려 땅은 원래 우리 땅이오.

강감찬의 귀주대첩

> 거란이 고려의 힘을 꺾으려다가 괜히 손해만 봤네요.
> 쯧쯧

> 도리어 강동 6주가 고려의 영토가 되었고요.

> 맞아. 거란은 뒤늦게 후회했단다.

강감찬의 귀주 대첩
거란
흥화진
귀주
여진
서희의 담판
서경
고려
개경

➡ 제1차 침입
➡ 제2차 침입
➡ 제3차 침입
● 강동 6주

▲ 거란의 침입 경로

거란은 뒤늦게 강동 6주가 무척 중요한 땅이라는 사실을 깨달았어. 그래서 고려에 강동 6주를 돌려 달라고 요구했지만, 고려는 들은 척도 하지 않았지. 거란은 그 땅을 빼앗을 기회를 호시탐탐 노렸단다.

그러던 때에 고려에서 반란이 일어났어. '강조'라는 신하가 목종을 몰아내고 현종을 왕으로 세운 거야. 거란은 이 일을 핑계 삼아 다시 고려를 침략했어. 반란을 일으킨 강조를 벌하겠다면서 말이야. 1010년, 거란의 황제는 약 40만 명의 군사를 이끌고 압록강을 건너 고려의 흥화진을 공격했지.

흥화진을 지키던 장수 양규는 거란의 공격을 잘 막아냈어. 거란은 쉽사리 흥화진을 차지할 수 없었단다. 조급해진 거란 황제는 고려의 수도를 차지하려고 거란군 절반을 개경으로 내려보냈지.

그런데 거란군이 개경으로 가는 길목에는 벌써 강조가 이끄는 고려군이 기다리고 있었어. 고려군은 거란군과 전투를 벌여 세 번이나 승리를 거두었단다. 하지만 잠시 경계를 늦춘 틈에 거란군이 기습적으로 공격해 고려군은 무너지고 말았지.

거란군은 기다렸다는 듯 개경으로 몰려갔어. 현종과 신하들은 부랴부랴 개경을 떠나 남쪽으로 몸을 피했단다. 거란은 궁궐에 불을 지르고 개경을 짓밟으며 현종에게 항복하라고 요구했지. 왕이 직접 거란으로 와서 인사하고, 강동 6주도 내놓으라면서 말이야. 현종은 더 큰 피해를 막기 위해 거란의 요구를 들어주겠다고 했어. 그 말에 거란 황제는 군사들을 이끌고 돌아가기로 했지. 사실 거란은 고려군과 싸우느라 지칠 대로 지쳐 있었거든.

하지만 고려는 개경을 짓밟은 거란을 호락호락 돌려보내지 않았어. 곳곳에 숨어 있다가 돌아가는 거란군을 거세게 공격했지. 고려는 거란의 2차 침입으로 큰 피해를 보았지만, 거란의 피해도 만만치 않았어. 거란 황제는 많은 군사를 잃고 거란으로 돌아갔단다.

그래서 현종은 거란의 요구를 들어줬나요?

이런 억지 요구를 들어줄 수는 없어요.

현종은 거란을 찾아가지 않았어. 강동 6주도 내주지 않았고.

No!

그로부터 몇 년 뒤, 1018년에 거란이 또다시 고려로 쳐들어왔어. 거란의 3차 침입이 일어난 거야. 이번에는 '소배압'이라는 거란 장군이 약 10만 명의 군사를 이끌고 몰려왔단다. 소식을 들은 현종 임금은 강감찬 장군을 총사령관으로 임명해서 거란군을 막도록 했어.

강감찬은 군사들을 이끌고 흥화진으로 향했지. 고려군은 흥화진 앞 냇물 근처에 몸을 숨겼어. 강감찬은 군사들에게 소가죽을 이어서 냇물 위쪽을 막고 기다리라고 했지.

이윽고 모습을 드러낸 거란군이 첨벙첨벙 냇물을 건너기 시작했어. 바로 그 순간, 고려군이 소가죽으로 만든 둑을 터뜨렸단다. 갇혀 있던 냇물이 한꺼번에 흐르면서 거센 물살이 휘몰아쳤지. 냇물을 건너는 수많은 거란군은 강한 물살에 휩쓸려 떠내려갔어. 간신히 물 밖으로 헤엄쳐 나온 거란군도 숨어서 기다리던 고려군의 공격에 혼쭐이 났지.

'청녕 사년'명 동종 '청녕'이라는 거란의 연호가 새겨져 있어. 청녕 4년은 1058년에 해당해.

56

소배압은 살아남은 거란군을 이끌고 개경으로 향했어. 지난번처럼 개경을 차지하면 고려가 항복할 거라고 생각한 거야. 하지만 개경까지 가기가 그렇게 쉽지만은 않았어. 고려군의 공격이 계속 이어졌거든.

가까스로 개경 근처에 다다랐을 때, 거란군은 완전히 지쳐서 더는 싸울 힘이 없었지. 결국 소배압은 거란군을 이끌고 자기 나라로 되돌아가기로 했어. 하지만 강감찬은 거란군을 그냥 돌려보내지 않았단다. 귀주에서 다시 한바탕 전투를 벌인 거야. 귀주에서 벌어진 싸움은 강감찬이 이끄는 고려군의 완전한 승리로 끝이 났어. 10만 명이나 되는 거란군 가운데 살아 돌아간 군사의 수는 고작 수천 명뿐이었지. 1019년, 강감찬이 귀주에서 거란군을 크게 물리친 이 싸움을 '귀주대첩'이라고 해.

그림을 보니 귀주대첩이 얼마나 맹렬했는지 느껴져요.

전쟁터에 거란군의 시체가 가득했대. 당시 비바람이 몰아쳐 날씨까지 고려군을 도왔지.

귀주대첩을 그린 기록화

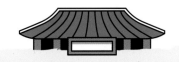

핵심 콕콕 역사 퀴즈

1 거란의 침략에 대해 바르게 설명한 인물의 말풍선에 색칠해 보세요.

거란은 딱 한 번 고려를 침략했지.

(1)

고려의 현종은 거란을 직접 찾아가서 인사하고, 강동 6주도 거란에 내주었어.

(2)

강감찬 장군은 귀주에서 거란군과 싸워 큰 승리를 거두었지.

(3)

2 다음에서 설명하고 있는 곳은 어디일까요? 알맞은 답을 찾아 서로 연결해 보세요.

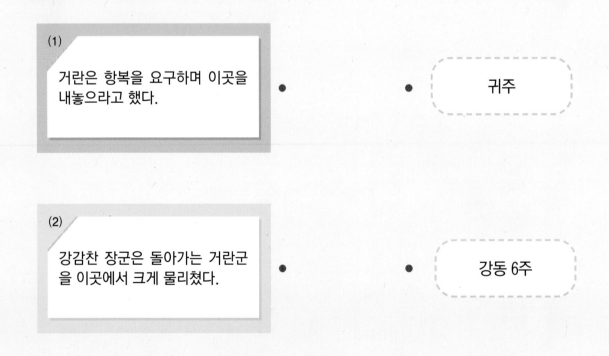

(1) 거란은 항복을 요구하며 이곳을 내놓으라고 했다.

귀주

(2) 강감찬 장군은 돌아가는 거란군을 이곳에서 크게 물리쳤다.

강동 6주

서술·논술 완벽 대비

① 강감찬 장군이 귀주에서 거란군과 벌인 전투에 대해 설명하고 있어요. 자신이 강감찬 장군이 되었다고 상상하며 귀주대첩을 설명해 보세요.

② 3차례에 걸친 거란의 침략을 막아 낸 고려는 어떤 변화를 맞을까요? 예상되는 변화를 써 보세요.

벽란도와 코리아

거란의 침입을
3번이나 물리치다니!

예~

고려는 강한 나라라고
소문났겠죠?

고려는 국제적으로
이름을 알린 나라야!
'코리아'는 고려에서
비롯되었단다.

거란은 이제 고려는 물론이고 송나라와도 전쟁을 벌일 수 없었어.
그랬다가 고려가 송나라를 돕는다면 크게 지고 말 테니까. 중국의 송
나라는 고려와 더욱 친하게 지내려고 했기 때문에 고려와 거란, 송나
라 사이에는 오랫동안 전쟁이 일어나지 않았어.

평화로운 시절을 맞은 고려는 주변 나라와 활발하게 교류했어. 많은 상인이 고려를 찾아와 물건을 사고팔았지.

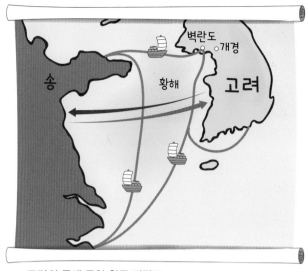

▲ 고려의 국제 무역 항구 벽란도

벽란도는 예성강 하류에 자리 잡은 큰 항구인데, 고려의 수도 개경과 가까워서 무역의 중심지가 되었어. 벽란도에서 예성강을 따라 거슬러 올라가면 개경에 닿을 수 있거든. 또, 벽란도는 바닷물의 깊이가 깊어서 큰 배도 들어올 수 있었어. 그러니 고려의 지방에서 세금이나 물건을 싣고 개경으로 올 때면 벽란도를 이용했지. 다른 나라 상인들도 배를 타고 벽란도를 찾아와 무역했어.

나전 칠 합

나전 칠기 빛깔이 고운
조개껍데기 조각을 여러
가지 모양으로 붙여 꾸
미고 옻으로 칠한 나무
그릇이나 가구

화문석 꽃의 모양을 놓
아 짠 돗자리.

고려와 가장 활발하게 교류한 나라는 중국의 송나라였어. 송나라 상인들은 비단과 차, 약재, 책 등을 팔았어. 이런 물건들은 값이 비쌌기 때문에 보통 백성들은 살 수 없었지. 주로 고려 귀족이 송나라의 물건을 좋아했단다.

송나라 상인들은 고려에서 인삼, 도자기, 나전 칠기, 화문석, 먹, 종이 등을 사 갔어. 송나라의 귀족들 사이에서 잘 팔렸거든. 고려 인삼은 약효가 좋기로 소문났고, 희고 매끄러우면서도 질긴 고려 종이도 인기가 좋았지. 고려의 먹은 가장 인기 있는 물건이었단다.

거란과 여진과 일본은 고려에서
곡식, 농기구 등 생활에
꼭 필요한 걸 가져갔어요.

서로 교류한 품목을 보면
각 나라의 관계를
살펴볼 수 있어.

고려는 송나라로부터
약재나 서적,
비단 등을 들여오고,
인삼, 먹 등 특산품을
송나라에 건네주었네요.

여진

거란

농기구·곡식·문방구
은·모피·말

모피·금·은·말
은·인삼

서경
벽란도
황해 개경
고려
동해
우산

금·은·나전칠기·화문석·
인삼·종이·먹
비단·약재·서적·자기

황·수은
곡식·인삼·서적

일본

탐라

송

아라비아

➡ 수출품
➡ 수입품

▲ 고려의 무역

송나라와 교류한 것처럼 상인들이 활발하게 오간 것은 아니지만 고려는 거란, 여진, 일본과도 교류했어. 거란이나 여진의 상인들은 바닷길보다는 육지를 이용했지. 고려와 땅이 이어져 있으니까.

고려는 거란과 여진에 곡식과 농기구 등을 팔고 동물의 털가죽인 모피와 말 등을 들여왔어. 일본 상인들은 황과 수은을 고려의 왕에게 바쳤는데, 그러면 고려에서는 일본에 곡식과 인삼, 책 등을 주었단다.

아시아 서남부 지역에 있는 아라비아 상인들은 송나라와 교류하면서 고려에 대한 소문을 듣고 찾아왔어. 아라비아 상인들은 수은을 비롯해 고려에서 구하기 어려운 산호와 후추 같은 향신료를 가져오고 고려에서 금과 은, 비단 등을 사 갔다고 해. 아라비아 상인들은 고려를 '코리아'라고 불렀어. 아라비아 상인들 덕분에 고려 즉, 코리아가 서양에 알려지기 시작했지. 이처럼 고려는 나라의 문을 활짝 열고 여러 나라와 교류하며 널리 이름을 알렸어.

단산오옥 명먹 '단산오옥' 글자가 새겨진 먹. '단산'은 지금의 충청북도 단양이야. 단양의 먹이 유명해서 가장 좋은 먹을 단산오옥이라고 했대.

'황비창천' 글자가 새겨진 청동 거울 바다를 헤치고 나아가는 배 문양을 통해 먼 바다를 거침없이 오가는 고려인의 모습을 엿볼 수 있어. 황비창천은 화창한 하늘이라는 뜻이야.

고려~ 코리아~! 정말 비슷하게 들려요.

고려를 얘기할 때 이걸 빼놓고 얘기할 수는 없지. 다음 장으로 빨리 가자!

고려가 이렇게 개방적인 나라인지 몰랐어요. 고려에 대해서 더 알려 주세요.

핵심 콕콕 역사 퀴즈

○ 다음 설명 중 올바른 것을 따라 선을 이으며 길을 찾아 보세요.

출발!

(1) 고려는 여러 나라와 활발하게 교류했다.

(2) 고려는 거란과 교류하지 않고, 무역도 하지 않았다.

(3) 벽란도는 고려의 도읍인 개경과 멀리 떨어져 있다.

(4) 벽란도는 고려 무역의 중심지였다.

(5) 아라비아 상인들이 고려를 찾아왔다.

(6) 송나라 상인들이 가져온 물건은 값이 싸서 고려 백성 누구나 살 수 있었다.

(7) 고려는 여진에 모피와 말을 팔았다.

(8) 고려와 가장 활발하게 교류한 나라는 송나라다.

(9) 아라비아 상인들은 고려에서 산호와 후추를 사 갔다.

도착!

(10) 고려는 일본과도 교류했다.

서술·논술 완벽 대비

1 벽란도는 고려 시대 무역의 중심지였어요. 벽란도에서 무역이 활발하게 이뤄진 이유는 무엇인지 써 보세요.

벽란도의 위치를 보며 생각해 봐.

2 고려는 여러 나라와 활발하게 무역했어요. 다른 나라와 물건을 사고팔면 좋은 점은 무엇인지 써 보세요.

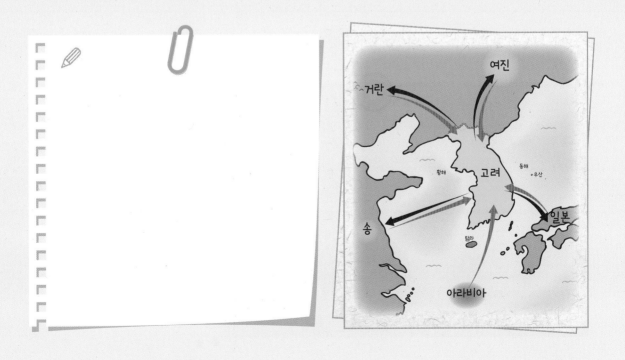

고려의 불교문화

태조 왕건이 남긴 훈요십조의 첫 번째 내용이 무엇이었는지 기억하니? 불교를 중요하게 여기라는 말이었지. 불교 행사인 연등회와 팔관회를 성대하게 열어야 한다는 당부도 있었고.

연등회와 팔관회가 무엇이냐고? 연등회는 등불을 밝히는 행사야. 등불이 어둠을 몰아내듯 부처의 가르침이 어리석음을 떨칠 수 있게 해 준다는 의미로 연등회를 열었지.

매년 이른 봄이 되면 고려 사람들은 등불을 밝히며 부처의 가르침이 널리 퍼지고 복이 오길 빌었어. 절과 궁궐, 거리 곳곳에 등을 내걸고 잔치를 열어 밤새도록 즐겼지. 왕이 행차하는 길에는 자그마치 3만 개나 되는 등을 달아 늦은 밤에도 대낮같이 환했다고 해.

연등회 연등회는 오늘날에도 이어지고 있어. '부처님 오신 날'이 되면 등불을 켜고 복을 빌지.

서울 종로에서 열린 연등 행사

팔관회는 늦가을에 개경과 서경에서 열렸어. 사흘이나 계속되는 큰 행사였단다. 팔관회가 시작되면 왕이 하늘의 신, 산의 신, 물의 신 등 여러 신에게 먼저 제사를 올려 나라가 평안하길 기도했지. 그다음에는 신하들이 왕에게 인사를 올렸어. 개경에 있는 신하들은 물론이고, 지방에 있는 신하들까지 개경으로 와서 왕에게 인사했지. 또, 여진의 사신과 송나라 상인 등도 찾아와 축하 인사를 드리고 특산물을 바쳤단다.

인사가 끝나면 궁궐 안팎에서 큰 잔치가 열렸어. 보통 때는 백성이 궁궐에 들어갈 수 없었지만, 팔관회가 열리면 백성도 궁궐에서 열리는 공연을 구경할 수 있었지.

이처럼 연등회와 팔관회가 열리면 백성은 며칠 동안 잔칫날처럼 즐겁게 보냈단다. 거리는 춤을 추고 노래를 부르면서 축제를 즐기는 백성으로 가득 찼지.

청동 은입사 물가 풍경 무늬 정병 정병은 맑은 물을 담아 두는 병으로 승려가 지니거나 불전에 바치는 물건이야.

▼팔관회는 토속신에게 제사를 지내던 의식으로, 잔치를 열어 즐기면서 나라와 왕실의 평안을 빌었어.

팔관회에서 제사를 지내는 신들은 부처님 한 분이 아니네요? 이것도 불교 행사라고 할 수 있나요?

처음에는 토속신을 섬기는 의식이었는데 불교로 확장된 거야.

외국 사절단도 축하해 주고 백성들도 잔치처럼 즐기는 행사였죠.

에헴

고려에서는 왕과 귀족들이 절을 많이 지었어. 절에 불상을 모시고, 불화도 그렸지. 불화는 부처의 모습이나 부처의 가르침을 그린 그림이란다. 고려의 불화는 무척 화려하고 아름다웠어.

반면, 고려 때 지방에서 만들어진 불상들은 좀 투박한 모습에 크기가 무척 컸어. 지방의 귀족들이 큰 불상을 세워서 자신의 힘을 자랑했거든. 부처님에 대한 믿음이 크다는 것도 드러내고 말이야. 그래서 정교한 것보다 크기가 큰 불상을 많이 만들었단다.

고려에서는 귀족들 가운데 스님이 되는 사람도 많았어. 자식이 여럿이면, 그 가운데 한 명은 으레 스님이 될 정도였지. 의천 스님도 고려의 제 11대 왕인 문종의 넷째 아들이야. 의천은 송나라로 건너가서 불교를 공부했는데 돌아올 때는 불교와 관련된 책을 많이 가져와서 깊이 연구했지. 불교의 가르침을 고려에 알리기 위해 애쓴 거야.

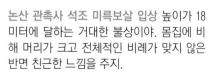

논산 관촉사 석조 미륵보살 입상 높이가 18미터에 달하는 거대한 불상이야. 몸집에 비해 머리가 크고 전체적인 비례가 맞지 않은 반면 친근한 느낌을 주지.

《수월관음도》 관음보살의 모습을 그린 고려 불화야. 수월(水月)은 '물에 비친 달'이라는 뜻이야.

의천은 그 공을 인정받아 국사가 되었어. 사람들은 의천을 '대각 국사'라고 불렀어. 대각 국사는 '큰 깨달음을 얻은 나라의 스승'이라는 뜻이야.

고려에서는 불교를 믿는 사람이 많으니, 절을 찾는 사람도 많았어. 절은 늘 사람들로 북적였지. 절이 소유한 땅에서 노비가 농사를 짓기도 했는데, 거둔 농산물을 절에서 팔기도 했어. 또한 절을 찾은 사람들끼리 곡식이나 물건을 서로 사고팔기도 했단다. 고려의 절이 마치 오늘날의 시장과 같은 역할을 한 거야. 또, 절은 '원'이라는 숙박 시설을 만들어서 운영했어. 먼 길을 가는 나그네에게 돈을 받고 잠자리를 제공한 거지.

國 나라 **국**
師 스승 **사**
나라의 스승이 될 만한 승려에게 내리던 칭호

대각 국사 의천

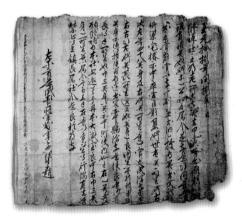

순천 송광사 고려 고문서 수선사(지금의 송광사)의 노비 문서야. 절에서 노비를 소유했다는 걸 알 수 있어.

양산 통도사 국장생 석표 이곳이 '통도사'라는 절의 땅임을 알려 주는 돌기둥이야. 이런 돌기둥이 통도사 주변 12곳에 세워졌다고 해.

스님들이 물건을 팔고 잠자리를 제공하고 돈을 받았다니 좀 이상해요.

불교의 가르침과는 거리가 먼 거 아니에요?

나중에 절이 소유한 땅이 많아지면서 문제가 생기지.

핵심 콕콕 역사 퀴즈

○ 다음은 고려의 불교에 관한 설명입니다. 설명과 어울리는 사진이나 그림을 찾아 기호를 써 보세요.

(1) 팔관회는 왕이 하늘 신, 산의 신, 물의 신 등 여러 신에게 제사를 올리는 것으로 시작한다.

(2) 불화는 부처의 모습이나 가르침을 그린 그림으로, 고려의 불화는 화려하고 아름답다.

(3) 절은 땅을 소유하고 있었다.

(4) 고려의 불상은 지방의 귀족들이 힘을 과시하기 위해 만든 게 많아서 크고 투박하다.

(5) 연등회는 등불을 밝히며 부처에게 복을 비는 행사다.

서술·논술 완벽 대비

❶ 고려 시대의 팔관회는 어떤 모습일까요? 자신이 팔관회에 참석했다고 상상하며 팔관회의 모습을 써 보세요.

❷ 고려 시대 절은 다양한 역할을 했습니다. 무슨 일을 했는지 아는 대로 써 보세요.

고려 사람들은 어떻게 살았을까?

쌤, 고려에도 신분 제도는 있었겠죠?

신분에 따라서 어떻게 살았는지 들려주세요.

오늘은 고려 사람들의 생활에 대해 이야기해 보자.

고려 사람들의 신분은 크게 양인과 천민으로 나뉘었어. 중앙 관리와 향리 같은 지배 계급이 양인에 속했어. 예전에 고려가 후삼국을 통일할 때, 여러 호족이 왕건을 도왔던 걸 기억하지? 그들 가운데 일부는 중앙으로 진출해 높은 벼슬자리에 올랐어. 지방에 남은 호족들은 향리가 되어 지방을 다스렸지.

이들은 나라에서 많은 땅과 녹봉을 받았어. 벼슬이 높은 사람의 자손은 '음서'라는 제도를 통해 관리가 될 수도 있었지. 과거 시험에 합격해서 관리가 된 사람이 대부분이었지만, 더러 음서를 통해 관리가 된 사람도 있었어. 고려의 지배층은 권력과 재산을 바탕으로, 떵떵거리며 풍족하게 잘 살았단다.

녹봉 관리에게 나누어 주던 쌀, 보리, 명주, 베, 돈 등의 금품을 이르는 말

은제 금도금 잔과 잔 받침 차를 마실 때 사용한 잔과 잔 받침이야. 섬세한 세공 기술로 화려한 무늬가 새겨져 있지.

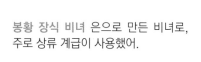

봉황 장식 비녀 은으로 만든 비녀로, 주로 상류 계급이 사용했어.

또, '백정'이 양인에 속했어. 백정이라면 소나 돼지를 잡는 일을 직업으로 하는 사람이 아니냐고? 가축을 잡는 사람을 백정이라고 부른 건 고려의 뒤를 이어 들어선 조선 시대부터야. 고려에서는 농민을 백정이라고 불렀단다.

고려의 백성은 대부분 백정에 속했어. 백정은 군현에서 농사를 지어 먹고살았지. 그러면서 거두어들인 곡식의 일부를 나라에 세금으로 내고, 지방에서 생산되는 갖가지 특산물을 바쳤어. 나라에서 길을 닦거나 성곽을 쌓는 등 큰 공사를 벌이면 그곳에 가서 일을 도와야 했지. 그러니 백정은 먹고살기가 빠듯했어. 가뭄이나 홍수 등의 자연재해로 흉년이 들면 굶주리기 일쑤였지. 지배층이 세금을 껑충 올리거나 무리하게 큰 공사를 벌이면 생활이 무척 고단해졌단다.

세금도 내고 특산물도 바치고 시키는 일까지 하다니… 살기가 너무 힘들었겠어요.

헉! 일을 하면 돈은 주는 건가요?

돈은커녕 일하면서 먹는 음식도 직접 마련해야 했단다.

마지막으로 양인에 속한 사람들은 '향, 소, 부곡'에 살던 백성이야. 고려에서는 군현 이외에 향, 소, 부곡이라는 마을을 정해 두었어. 향과 부곡에 사는 사람들은 나라에서 관리하는 땅에서 농사짓는 일을 했어. 소에 사는 사람들은 금과 은을 캐거나 소금, 도자기, 먹 등을 만드는 일을 했지.

향, 소, 부곡민은 군현에 사는 사람들보다 훨씬 많은 세금과 수공업 제품, 철 등의 광업품을 생산해서 나라에 바쳐야 했어. 자연히 군현 사람들보다 생활 형편이 더 어려웠지. 군이나 현으로 이사를 가면 되지 않느냐고? 향, 소, 부곡민은 마음대로 옮겨 살 수 없도록 나라에서 정해 두었단다. 그러니 힘들어도 그곳을 떠날 수 없었어.

이렇게 고려에서는 중앙 관리와 향리, 백정, 향, 소, 부곡민이 양인 신분에 속했어. 그리고 그 아래에 천민이 있었지. 천민은 고려에서 가장 낮은 신분이었어. 천민의 대부분은 노비였지.

향, 소, 부곡은 어떻게 정해지는 거예요?

다른 나라에서 넘어와 정착했거나 전쟁에서 항복했거나 반역죄를 지은 사람들이 특별 관리를 받은 게 아닌가 하고 추측해.

특별 관리는 좋은 게 아니군요. 저도 진쌤이 특별 관리해 주는 건 아니죠?

노비는 관청이나 개인의 소유로, 주인이 시키는 일은 무엇이든 해야 했어. 부모 중 한 사람이 노비면 자식도 노비가 되었단다. 노비는 주인의 재산으로 여겨져서 물건처럼 돈에 팔렸어. 주인이 자손에게 재산을 물려줄 때면 노비도 함께 물려주었지. 이런 형편이니, 노비의 삶이 얼마나 눈물겨웠을지 짐작이 가지?

자, 그럼 마지막으로 고려 시대 여성의 지위에 관해서도 짧게 알려줄게. 고려에서는 부모가 세상을 떠나면, 아들뿐 아니라 딸도 유산을 받았어. 부모를 모시는 일이나 부모의 제사를 지내는 일도 딸과 사위가 맡기도 했지. 또, 이혼하거나 남편이 죽어서 혼자가 된 여성은 다시 혼인할 수도 있었단다. 당연한 이야기 아니냐고? 하지만 조선에서는 이 모든 게 불가능했어. 그러니 조선과 비교하면 고려는 여성의 지위가 비교적 높았다고 할 수 있지.

유산 죽은 사람이 남겨 놓은 재산

조반 부부 초상 고려 말 재상 조반과 그의 부인을 각각 그린 초상화야. 관료 부부의 모습이 이랬겠지?

지배 계급과 노비의 차이는 하늘과 땅 차이만큼 크네요.

태어나기 전부터 신분이 이미 정해진 건 너무 불공평해요.

간혹 큰 공을 세우거나 전쟁을 승리로 이끌거나 특별한 경우에 신분이 높아지기도 했지만… 아주 드물었지.

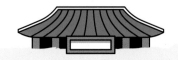

핵심 콕콕 역사 퀴즈

● 고려 사람들의 생활에 대한 설명이 맞으면 ○표, 틀리면 ✕표 해 보세요.

(1)
고려 사람들의 신분은
양인과 천민으로 나뉘었어.

(2)
벼슬이 높은 사람의
자손은 '음서'를 통해
관리가 될 수 있었어.

(3)
백정은 가축을 잡는
사람을 부르는 말이야.

(4)
향, 소, 부곡에 사는
사람들은 천민이었어.

(5)
향, 소, 부곡민은 군현에
사는 사람들보다 훨씬 적은
세금을 나라에 바쳤어.

(6)
부모가 세상을 떠나면
아들뿐 아니라
딸도 유산을 받았어.

서술·논술 완벽 대비

❶ 고려 시대의 백정이 내야 했던 세금은 무엇이 있는지 써 보세요.

❷ 고려 시대는 음서 제도가 있어서 과거 시험을 보지 않고 관리가 될 수 있었어요.
음서 제도에 대한 자신의 생각을 써 보세요.

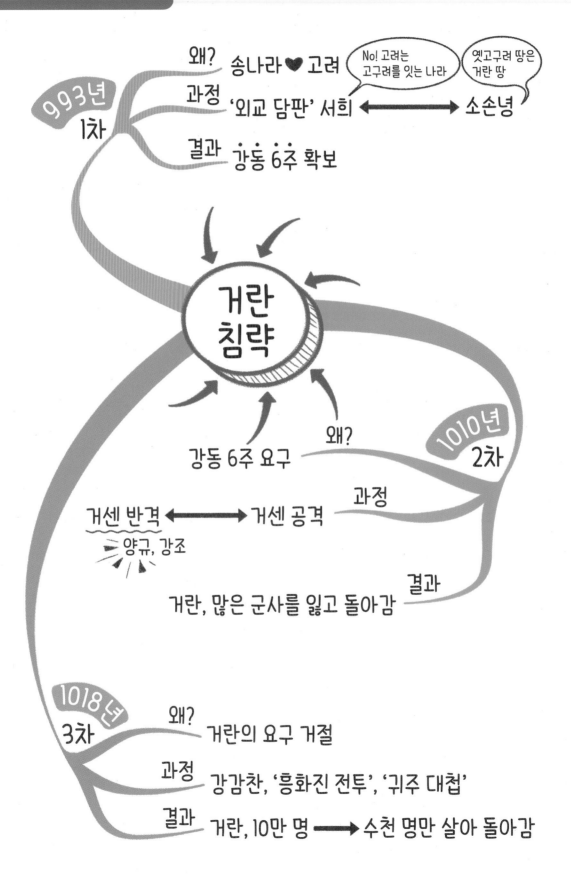

993년 1차

왜? 송나라 ♥ 고려

과정 '외교 담판' 서희 ⟷ 소손녕

No! 고려는 고구려를 잇는 나라

옛 고구려 땅은 거란 땅

결과 강동 6주 확보

거란 침략

1010년 2차

왜? 강동 6주 요구

과정 거센 반격 ⟷ 거센 공격
양규, 강조

결과 거란, 많은 군사를 잃고 돌아감

1018년 3차

왜? 거란의 요구 거절

과정 강감찬, '흥화진 전투', '귀주 대첩'

결과 거란, 10만 명 ⟶ 수천 명만 살아 돌아감

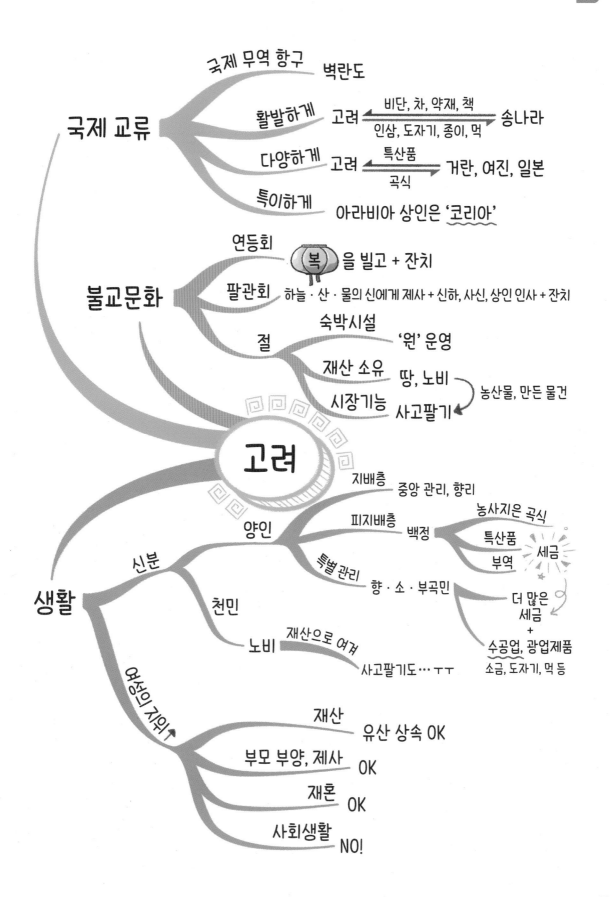

국제 무역 항구 — 벽란도

국제 교류
- 활발하게 — 고려 ⇌ 송나라 (비단, 차, 약재, 책 / 인삼, 도자기, 종이, 먹)
- 다양하게 — 고려 ⇌ 거란, 여진, 일본 (특산품 / 곡식)
- 특이하게 — 아라비아 상인은 '코리아'

불교문화
- 연등회 — 복을 빌고 + 잔치
- 팔관회 — 하늘·산·물의 신에게 제사 + 신하, 사신, 상인 인사 + 잔치
- 절
  - 숙박시설 — '원' 운영
  - 재산 소유 — 땅, 노비
  - 시장기능 — 사고팔기 ← 농산물, 만든 물건

고려

생활
- 신분
  - 양인
    - 지배층 — 중앙 관리, 향리
    - 피지배층 — 백정 — 농사지은 곡식, 특산품, 부역 → 세금
    - 특별 관리 — 향·소·부곡민 → 더 많은 세금 + 수공업, 광업제품 (소금, 도자기, 먹 등)
  - 천민
    - 노비 — 재산으로 여겨 / 사고팔기도…ㅜㅜ
- 요성의 지위↑
  - 재산 — 유산 상속 OK
  - 부모 부양, 제사 — OK
  - 재혼 — OK
  - 사회생활 — NO!

○ 자신이 고려 시대의 '소'에 사는 양인이라고 상상해 보고 무엇을 보고 듣고 느꼈는지 일기를 써 보세요.

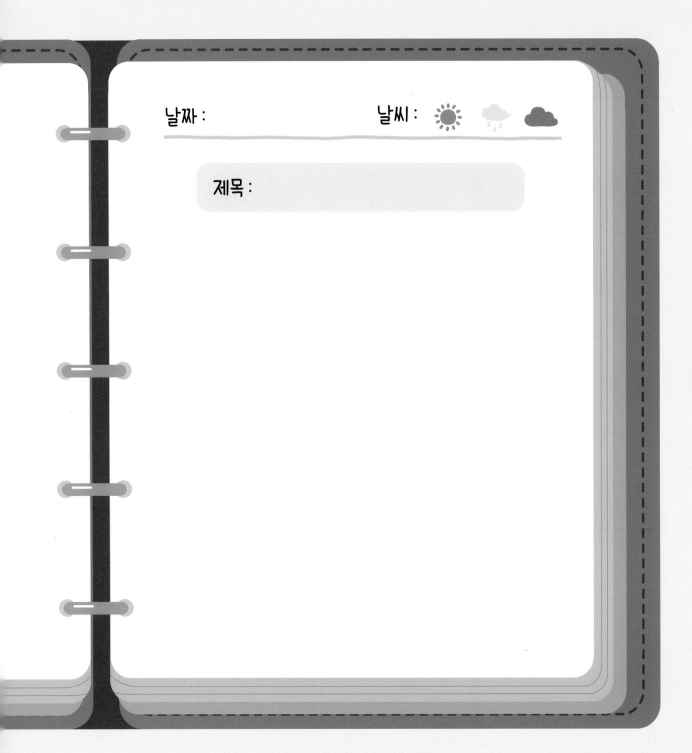

날짜 :

날씨 :

제목 :

○ 고려 시대로 가서 벽란도를 답사한다고 상상해 보세요. 벽란도에서 무엇을 보고 느꼈는지 답사 보고서를 써 보세요.

답사 보고서

- 답사 장소 :

- 답사 날짜 :

- 답사 목적 :

- 준비물 및 준비 사항 :

- 답사 방법 :

- 알게 된 점 :

- 느낀 점 :

1107년	1126년	1135년
고려 여진 정벌 동북 9성 축조	이자겸의 난	묘청 서경 천도 운동

3주

1170년	1176년	1231년	1232년
무신정변	망이·망소이의 난	몽골 1차 침입	몽골 2차 침입 처인성 전투 강화도 천도

윤관, 여진을 정벌하다

만주 압록강과 두만강을 경계로 한반도에 접해 있는 중국의 동북부 지방

여진은 원래 만주에 살던 민족이야. 그런데 발해가 멸망한 뒤에 옛 발해 땅에 살게 되었지. 여진은 차츰 힘을 키우더니, 고려의 국경 지역을 위협했어. 이 무렵 고려를 다스리던 제19대 왕 숙종은 여진을 그대로 두고 볼 수 없다고 생각했지.

'여진이 고려를 넘보지 못하게 해야 한다!'

▲ **여진의 위치** 삼국 시대에 여진은 '말갈'이라고 불렸어.

숙종은 여진으로 군대를 보냈어. 그런데 여진의 힘이 생각보다 훨씬 센 거야. 결국 고려는 첫 전투에서 여진에게 크게 졌단다. 다음에는 윤관 장군이 고려군을 이끌고 여진을 공격했어. 하지만 두 번째 전투에서도 고려가 지고 말았지. 숙종이 전투에서 진 까닭을 묻자 윤관이 이렇게 대답했어.

"여진 군사들은 대부분 말을 타고 싸웁니다. 하지만 우리 고려군은 말을 타지 않고 싸우는 군사가 대부분이라 그들을 이기기 어렵습니다. 여진을 이기려면 고려 군대를 정비해야 합니다."

84

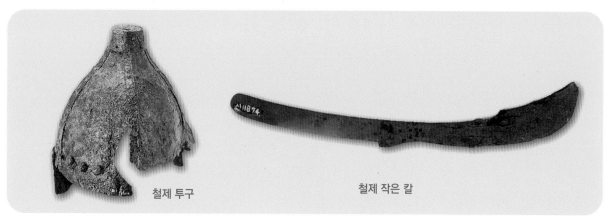

철제 투구　　　　　　　철제 작은 칼

▲ 고려 시대에 쓰인 투구와 칼이야

숙종은 윤관의 의견을 받아들여서 '별무반'이라는 군대를 만들었지. 별무반은 신기군, 신보군, 항마군으로 이루어졌어. 신기군은 기병 부대로 말을 타고 싸우는 군사들로 이루어졌어. 신보군은 보병 부대였고, 항마군은 스님들을 모아서 만든 부대였지.

윤관은 별무반을 부지런히 훈련시켜 여진과 다시 전투를 벌일 준비를 했단다.

別 다른 **별**
武 굳셀 **무**
班 나눌 **반**

步 걸음 **보**
兵 군사 **병**
주로 땅 위에서 공격과 방어의 임무를 수행하는 군사

윤관 영정 무관상(왼쪽)과 윤관 영정 문관상(오른쪽)
무관 차림과 문관 차림을 한 윤관의 모습이야.

말 탄 병사는 기병! 이랴 ~ 이랴~.

신기군

두 다리로 움직이는 보병!

스님으로 이뤄진 항마군!

신보군

별무반

征 칠 **정**
伐 칠 **벌**
적 또는 죄 있는 무리
를 무력으로 침

그런데 숙종이 갑자기 세상을 떠나고 예종이 뒤를 이어 왕위에 올랐어. 예종도 아버지의 뜻을 이어받아 여진을 공격하기로 마음먹었지.

때를 기다리며 여진을 살피던 1107년, 여진의 움직임이 수상하다는 소식이 들려왔어. 예종은 곧바로 윤관에게 여진을 정벌하라고 명령했지. 윤관은 17만 명이나 되는 고려군을 이끌고 여진으로 갔어. 육지와 바다, 양쪽에서 여진을 공격했단다.

고려군의 거침없는 공격에 여진은 허둥지둥 달아났어. 고려의 북동쪽 지역에서 여진을 몰아내는 데 성공한 거야. 윤관은 여진을 몰아낸 땅에 9개의 성을 쌓았다고 해. 그곳을 '동북 9성'이라고 부른단다.

▲ 빨간색 부분이 동북 9성의 위치로 추정되는 곳이야. 하지만 이에 대해서는 여러 가지 의견이 나뉘어.

그 뒤로 여진은 자꾸만 동북 9성을 공격했어. 하지만 번번이 고려에 패하자, 사신을 보내와 동북 9성을 돌려 달라고 조르기까지 했어. 동북 9성만 돌려준다면, 앞으로 고려를 부모의 나라로 섬기며 다시는 공격하지 않겠다면서 말이야.

결국 고려는 1년 만에 동북 9성을 여진에게 돌려주었어. 동북 9성이 고려의 수도에서 멀리 떨어져 있어서 제대로 관리하기가 힘들었거든. 게다가 여진과 계속 싸우느라 지칠대로 지치기도

《북관유적도첩》에 실린 〈척경입비도〉 윤관이 여진을 정벌하고 국경을 표시하는 비석을 세우는 장면을 그린 기록화야.

했고. 여진은 동북 9성을 돌려받은 뒤, 힘이 더욱 커졌어. 이후 금나라를 세우고, 거란을 무너뜨리더니 송나라까지 공격하며 힘을 떨쳤단다. 그러고는 다시 고려를 위협하기 시작했지.

동북 9성을 다시 돌려주다니 왠지 아쉬워요.

여진이 정말 고려를 부모의 나라로 섬겼나요?

화장실 들어갈 때 다르고 나올 때 다르다고들 하지.

핵심 콕콕 역사 퀴즈

○ 다음 내용이 설명하는 것은 무엇인가요? 사다리를 타며 빈칸에 들어갈 말을 [보기]에서 골라 쓰세요.

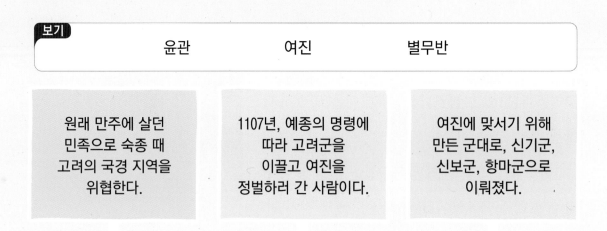

보기

| 윤관 | 여진 | 별무반 |

원래 만주에 살던 민족으로 숙종 때 고려의 국경 지역을 위협한다.

1107년, 예종의 명령에 따라 고려군을 이끌고 여진을 정벌하러 간 사람이다.

여진에 맞서기 위해 만든 군대로, 신기군, 신보군, 항마군으로 이뤄졌다.

(1)

(2)

(3)

서술·논술 완벽 대비

❶ 숙종은 윤관 장군의 의견을 받아들여 별무반을 만들었어요. 별무반에 대해 아는 대로 설명해 보세요.

어디를 정벌하려고 했을까?

❷ 고려가 여진에게 동북 9성을 돌려준 까닭은 무엇인지 써 보세요.

1년 만에 돌려주었어.

이자겸의 난과 묘청의 서경 천도

문벌 세력은 고려에서 대대로 부와 권력을 이어간 귀족을 말해. 문벌 세력 가운데서도 이자겸은 권세가 하늘을 찔렀어. 이자겸은 고려의 제17대 왕인 인종의 외할아버지야. 인종이 왕위에 올랐을 때 고작 열네 살이었지. 임금이 어리니 힘센 귀족들이 왕위를 위협할 수밖에. 그때 이자겸이 나서서 인종을 지켜 주며 나랏일을 대신했어. 그러면서 왕과 다름없는 권력을 잡은 거야.

이자겸은 자기 친척을 높은 벼슬자리에 앉히거나 돈을 받고 관직을 팔기도 했어. 이자겸의 집은 벼슬을 얻으려는 사람들로 북적였지. 그들이 바친 재물로 곳간이 미어터질 정도였단다.

그러던 때에 여진이 세운 금나라가 고려에 자기 나라를 큰 나라로 섬기라며 요구해 왔어. 신하들이 모두 반대하고 나섰지만, 이자겸은 아랑곳하지 않고 제멋대로 금나라의 요구를 받아들였지.

"금나라가 예전에는 작은 나라였지만 지금은 강대해졌다. 작은 나라가 큰 나라를 섬기는 것은 당연하다."

▼ 이자겸은 자신의 셋째 딸과 넷째 딸을 인종과 결혼시켰어.

헉! 뭐예요?
인종은 이모랑
결혼한 거예요?!

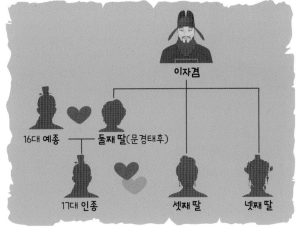

이자겸

16대 예종 ── 둘째 딸(문경태후)

17대 인종   셋째 딸   넷째 딸

그래, 맞아! 이자겸을 감히
아무도 건들지 못했겠지.

그럼 이자겸은
인종의 외할아버지이자
장인어른이 되는 거네요.

어느덧 세월이 흘러서 인종도 청년이 됐어. 인종은 이자겸을 물리치고 빼앗긴 왕권을 되찾으려고 했지. 이 사실을 안 이자겸은 1126년, 부하 척준경과 함께 반란을 일으켰어. 척준경은 궁궐에 불을 지르고 인종을 자신의 집에 가두어 버린 거야. 목숨까지 위협받은 인종은 이자겸을 몰아낼 기회를 호시탐탐 노렸어. 그러다 이자겸과 척준경의 사이가 나빠졌다는 것을 알게 됐지. 이자겸의 아들이 척준경이 궁궐에 불을 지른 것을 비난하자 척준경과 싸움이 벌어졌거든. 인종은 척준경을 설득해서 이자겸을 잡아들이라고 했어.

마침내 이자겸의 손아귀에서 벗어난 인종은 이자겸을 멀리 귀양 보냈어. 그런데 이번에는 척준경이 인종을 위협하며 권력을 휘두르려고 하지 뭐야. 인종은 이자겸과 함께 반란을 일으켰던 죄를 물어 척준경도 몰아냈지. 이렇게 인종이 겨우 왕권을 되찾는 사이, 나라 안은 뒤숭숭했어. 이자겸의 난으로 궁궐이 불타고, 왕의 권위도 뚝 떨어져 버렸거든.

전남 화순 운주사 와불 풍수 사상에 의해 세워진 운주사의 누워 있는 부처상이야.

그러던 때에 인종은 묘청을 만나게 돼. 묘청은 서경에서 이름난 스님이었는데, 풍수지리를 잘 보기로 유명했어.

풍수지리가 뭐냐고? 풍수지리는 산과 강, 들 같은 땅의 모양이 사람에게 큰 영향을 미친다는 이론이야. 자연에는 신비한 힘이 있어서 풍수지리에 따라 좋은 일이나 나쁜 일이 생길 수 있다는 거지. 고려 사람들은 풍수지리를 무척 중요하게 여겼어. 집을 짓는 터나 죽은 사람을 묻는 못자리를 정할 때면, 꼭 풍수지리를 따졌단다.

遷 옮길 **천**
都 도읍 **도**
수도를 옮김

묘청은 인종에게 수도를 개경에서 서경으로 옮기자며 '서경 천도'를 제안했어.

"개경은 땅의 기운이 다했습니다. 좋은 기운이 가득한 서경으로 수도를 옮기십시오. 그러면 나라에 좋은 일만 생길 것입니다."

서경 출신 신하들도 묘청의 의견을 지지했어. 서경으로 수도를

옮기고 나라의 힘을 키워서 고려를 위협한 금나라를 정벌하자고 했지.

인종은 귀가 솔깃했어. 개경에서는 안 좋은 일만 겪었으니 벗어나고 싶었지. 인종은 묘청의 말대로 수도를 서경으로 옮기기로 했단다.

청동 신선 무늬 거울 신선이 시원하게 떨어지는 폭포를 바라보고 있는 게 보이지?

그러자 김부식을 비롯해 개경에서 대대로 살아온 개경 세력들이 반대하고 나섰어. 수도를 서경으로 옮기면 서경 출신 신하들의 힘이 강해지고, 자신들의 힘은 약해질 게 뻔했거든. 또한 개경 세력들은 금나라에 맞서지 말고 그들의 요구를 들어주어야 한다고 주장했어. 서경 출신 세력들과 개경 세력들은 팽팽히 맞섰지.

그러나 인종이 마음을 돌리면서 묘청의 서경 천도 주장은 물거품이 되고 말았어. 이를 받아들일 수 없었던 묘청과 서경 출신 세력들은 1135년, 새로운 나라를 세우겠다며 들고일어났지. 인종은 화를 내며 묘청의 난을 진압하라고 명령을 내렸어. 김부식이 군대를 이끌고 서경으로 쳐들어갔단다. 결국 묘청과 서경 출신 세력들, 그리고 서경의 많은 백성이 목숨을 잃고 말았지.

서경은 어디예요? 뭔가 굉장히 익숙해요.

왕건의 훈요10조에 나왔잖아. 헤헤

서경은 오늘날 평양이야. 한때 고구려의 수도이기도 했지. 그만큼 지리적으로 중요한 곳이었어.

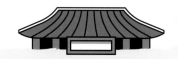

핵심 콕콕 역사 퀴즈

○ 다음 설명이 맞으면 ○표, 틀리면 ✕표에 색칠해 보세요.

(1)
인종의 외할아버지인 이자겸은
왕과 다름없는 권력을 누렸어.

(2)
인종이 왕권을 되찾으려 하자
이자겸이 반란을 일으켰지.

(3)
이자겸의 난으로 인해
왕의 권위가 높아졌어.

(4)
묘청은 인종에게 수도를
서경으로 옮기자고 했어.

(5)
김부식과 개경 세력들이 묘청의
서경 천도 주장을 지지했어.

(6)
고려 사람들은 풍수지리를
중요하게 여겼어.

서술·논술 완벽 대비

1 다음 낱말을 모두 사용해서 '이자겸의 난'을 설명해 보세요.

| 왕권 | 인종 | 외할아버지 | 척준경 |

✎

2 자신이 개경 세력과 서경 출신 세력이 되었다고 상상하며 서경 천도와 금나라에 대한 생각을 써 보세요.

천도는 수도를 옮기는 거야.

개경 세력 ✎

서경 출신 세력 ✎

권력을 잡은 무신

인종 이후에 문벌 세력의 힘이 더욱 커졌을 거 같아요.

엎친 데 덮친 격이라고 이번에는 무신들이 들고 일어났어.

무신들도 권력을 잡고 싶어서 그러는 건가요?

공민왕릉의 문인석(오른쪽 위)과 무인석(왼쪽 아래) 문인석이 무인석보다 위에 있는 걸 볼 수 있어.

고려의 제18대 왕 의종은 젊은 문신들과 어울려 흥청망청 놀기를 좋아했어. 하루가 멀다 하고 잔치를 벌이며 경치 좋은 곳으로 나들이를 갔지. 그럴 때마다 무신들도 왕을 지키기 위해 함께 따라갔어. 문신들이 왕과 술을 마시며 노는 동안, 무신들은 끼니도 거른 채 그들을 지키고 서 있어야 했지.

문신은 글공부를 해서 관리가 된 사람이고, 무신은 무예를 익혀 관리가 된 사람이야. 문신과 무신은 똑같이 나라에 필요한 신하들이란다.

하지만 고려에서는 오래전부터 무신을 문신보다 낮게 여겼어. 높은 벼슬자리는 늘 문신의 차지였지. 심지어 군대를 지휘하는 자리까지 문신에게 주었어. 예전에 거란을 물리친 강감찬과 여진을 정벌한 윤관도 다 문신이었지. 게다가 문신은 대놓고 무신을 무시했어. 한번은 나라에 큰 잔치가 열려서 모든 신하가 참석했는데, 문신 김돈중이 무신 정중부의 수염을 촛불로 태워 버린 일도 있었지.

이럴 수가! 군대 지휘관이 문신이었다고요?

고려의 과거 제도는 문신을 뽑는 시험이었어. 무신을 뽑는 시험은 따로 없었고 주로 추천을 받아 무신을 뽑았지.

그래서 무신들은 문신의 눈치를 볼 수밖에 없었군요.

차별을 견딜 수 없었던 무신 이고와 이의방은 정중부를 찾아가 문신을 몰아내자고 했어. 큰 모욕을 당한 정중부도 때를 기다렸지. 그러던 1170년, 무신들을 몹시 분노하게 만든 사건이 벌어졌어.

의종이 보현원으로 나들이를 가는 길에 무신들에게 무술 시합을 벌이라고 한 거야. 그런데 하필이면 나이가 많은 이소응 장군이 젊은 군사와 겨루게 됐지. 이소응은 젊은 군사의 힘을 당하지 못하고 뒤로 물러섰단다. 그러자 '한뢰'라는 젊은 문신이 비웃으며 이소응의 뺨을 후려쳤어. 그 모습을 본 문신들은 손뼉을 치며 웃었지만 무신들은 주먹을 불끈 쥐었지. 그날 밤, 보현원에 도착해서 왕이 쉬러 들어가고 문신들이 자리에서 물러났을 때 정중부가 명령을 내렸어.

"문신의 관을 쓴 자는 지위에 상관없이 모두 베어라!"

'무신의 난'이 일어난 거야. 무신들은 많은 문신을 죽이고 의종은 먼 섬으로 귀양을 보내 버렸어.

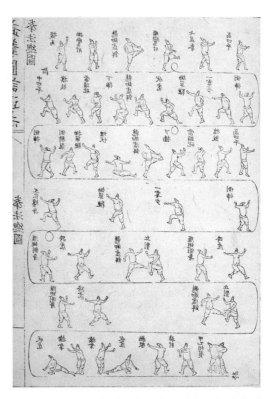

《무예도보통지》 조선 시대에 무예를 설명하기 위해 만든 책이야. 그림은 '수박'이라는 무예로 무신들이 시합을 벌이거나 무예를 단련할 때 주로 했지.

    무신들은 명종을 고려의 제19대 왕으로 세웠어. 그러나 명종은 허수아비 왕일 뿐 무신들이 모든 권력을 거머쥐었단다. 이렇게 무신들이 나라를 다스리는 '무신 정권'이 시작되었어. 그 뒤 무신 정권은 약 100년이나 이어졌지.

    무신들은 권력을 독차지하기 위해 자기들끼리도 끊임없이 싸움을 벌였어. 무신의 난을 일으켰던 이의방이 이고를 죽이고 권력을 잡았는데 이의방이 제멋대로 권력을 휘두르지 뭐야. 그래서 이번에는 정중부가 이의방을 죽이고 권력을 잡았어. 그러나 정중부도 나라를 돌보지 않은 채, 자기 이익만을 위해 권력을 휘두르기는 마찬가지였지.

    그러자 경대승이라는 젊은 무신이 나서서 정중부를 몰아냈어. 경대승은 앞서 권력을 잡았던 무신들과는 좀 달랐어. 문신도 나라에 꼭 필요하다고 여겼거든. 그래서 문신들에게도 벼슬을 주며 혼란스러움을 잠재우려고 했단다. 하지만 경대승은 서른밖에 안 된 젊은 나이에 병으로 세상을 떠났어.

《소자본 불정심관세음보살대다라니경》 최충헌과 그의 두 아들 최우와 최항을 위해 만든 휴대용 불경과 경갑이야. 불경을 넣어 두었던 경갑은 끈으로 매어 차고 다닐 수 있도록 했지. 불경에는 '복을 누리며 오래오래 살기를 빈다.'는 내용이 담겨 있어.

경대승의 뒤를 이어 권력을 잡은 사람은 이의민이었어. 이의민은 원래 천민이었는데, 정중부가 무신의 난을 일으켰을 때 함께했어. 그 공으로 천민 신분에서 벗어나 벼슬을 얻었지. 이의민은 경대승이 정중부를 몰아내는 것을 보고 두려워하며 꼭꼭 숨어 지내다가 경대승이 세상을 떠난 뒤 권력을 잡은 거야.

이의민은 백성의 집과 논밭을 빼앗는 등 갖가지 몹쓸 짓을 저질렀어. 그러자 최충헌이 이의민을 죽이고 권력을 잡았단다. 최충헌은 권력을 지키기 위해 자신에게 반대하는 사람을 가차 없이 없애 버렸어. 대신 문신이라도 자기 말을 잘 들으면 벼슬을 주었지.

최충헌은 교정도감을 설치해서 나랏일을 마음대로 처리했단다. 또 도방을 확대한 뒤 많은 군사를 두어 밤낮으로 자신을 지키도록 했지. 이렇게 권력을 유지하던 최충헌은 아들 최우에게 권력을 물려주고 세상을 떠나. 그 뒤로 최씨 가문은 4대에 걸쳐 60년 동안 권력을 잡았단다.

도방 무신 정권이 만든 사병 집단이야. 경대승이 자신을 보호하기 위해 처음 만들었어.

'최충헌→최우→최항→최의' 권력이 대대손손 쭉 이어지네요.

음, 자기들이 무슨 왕인 줄 아는 것 같은데요.

왕도 마음대로 바꿔 버리고 나랏일도 마음대로 정해 버렸어.

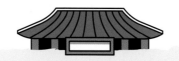

핵심 콕콕 역사 퀴즈

1 다음 설명에서 바른 것을 모두 찾아 번호를 써 보세요. (,   )

(1) 고려에서는 문신보다 무신을 높게 대우했어.

(2) 무신이 문신에게 모욕을 당하는 일이 벌어졌어.

(3) 무신들은 난을 일으켜서 왕과 문신들을 몰아냈어.

(4) 정권을 잡은 무신들은 사이좋게 지내며 무신 정권을 오래 이어 갔어.

2 무신의 난이 일어난 배경에 들어갈 낱말을 보기에서 골라 써 보세요.

보기
| 불만 | 차별 |

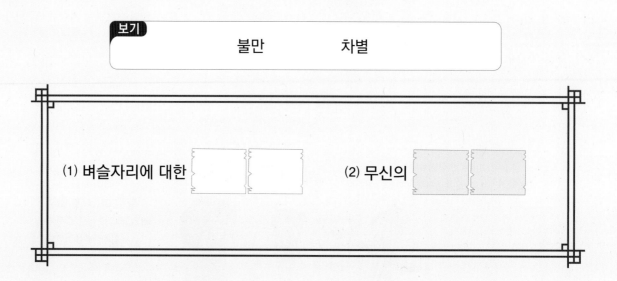

(1) 벼슬자리에 대한 [   ]

(2) 무신의 [   ]

서술·논술 완벽 대비

❶ 고려 시대 문신과 무신은 어떤 차이점이 있는지 써 보세요.

문신: 🖊

무신: 🖊

❷ 무신 정권에 대해 아는 대로 써 보세요.

🖊

> 무신 정권은
> 100년이나 이어졌어.

무신의 횡포에 들고일어나다

무신들이 권력을 잡았을 때 백성들은 변화를 기대했어. 대대로 부와 권력을 누렸던 귀족들과 달리, 무신들이 백성을 위하며 나랏일을 열심히 해 주길 바랐단다. 하지만 백성들의 기대는 산산이 부서졌지.

권력을 잡은 무신들은 귀족들처럼 떵떵거리며 살고 싶었어. 그래서 힘을 이용해 땅과 노비를 마구 늘리기 시작했지. 이렇게 무신들이 권력을 잡는 데에만 신경 쓰는 사이, 지방 관리들은 제 욕심을 채우기 시작했어. 더 많은 세금과 특산품을 거두어들인 거야. 자연히 백성의 생활이 어려워졌지. 특히 향, 소, 부곡에 사는 사람들의 형편은 말도 못하게 힘들어졌어.

"우리는 이미 군이나 현에 사는 사람들에 비해 훨씬 많은 세금과 물건들을 바치고 있지 않은가?"

"그런데도 더 내라니! 다른 곳으로 옮겨 갈 수도 없는 우리에게 여기서 굶어 죽으란 소리나 마찬가지다!"

결국, 사람들이 분통을 터뜨리며 들고일어났어. 1176년, 공주 명학소에 사는 '망이'와 '망소이'가 사람들을 이끌고 봉기한 거야. 망이, 망소이가 이끄는 봉기군이 공주 관아를 점령했어. 군사들이 봉기군을 공격했지만, 봉기군의 기세를 꺾지 못했지.

관아 벼슬아치들이 모여 나랏일을 처리하던 곳

당시 권력을 잡고 있던 정중부는 명학소를 충순현으로 바꾸어 준다고 했어. '소'를 '현'으로 올려 주겠다는 거야. 망이, 망소이와 마을 사람들은 그 말을 믿고, 고향으로 돌아갔지. 그런데 정중부가 약속을 어기고 군대를 보내 공격을 퍼부었지 뭐야. 망이, 망소이와 명학소 사람들은 다시 들고일어났지만, 잘 훈련된 군사들을 당할 수는 없었지.

다인철소 출토 유물 고려 시대 최대 철 생산지로 알려진 충주의 '다인철소'에서 나온 유물이야.

은제 용 모양 손잡이 잔 꽃송이처럼 만든 몸체에 용머리 모양의 손잡이가 달린 술잔이야.

청자 투각 용머리 장식 붓꽂이 이곳에 붓을 꽂아 보관했어. 정밀한 묘사가 돋보이는 이 물건은 아마 왕족이나 귀족이 썼을 거야.

收 거둘 **수**
奪 빼앗을 **탈**
강제로 빼앗음

재상 임금을 돕고 모든 관리를 지휘하고 감독하는 일을 맡아보던 벼슬아치

이들 외에도 나라 곳곳에 있는 농민들은 무신들의 수탈에 항의하며 들고일어났어. 뒤이어 농민보다 더욱 힘들게 살아가야 했던 노비들도 들고일어났단다.

사실 무신 정권이 들어설 때 백성들은 무척 놀랐어. 문신보다 낮은 대우를 받던 무신들이 권력을 잡았으니까. 게다가 무신 중에는 이의민처럼 신분이 낮은 천민도 있었고. 그러니 노비들도 천민 신분에서 벗어날 수 있다는 꿈을 품었지. 무신 최충헌의 집에 노비로 있던 '만적'도 마찬가지였어. 어느 날 산에 나무를 하러 간 만적은 같은 처지에 있는 노비들에게 자신의 생각을 털어놓았어.

"왕이나 귀족, 장수와 재상이 될 사람이 따로 있는 게 아니다. 때가 오면 누구나 할 수 있다. 우리라고 해서 언제까지 힘든 일과 주인의 매질에 시달려야 한단 말인가."

노비 만적이 봉기를 일으키자고 한 거야. 만적은 신분에 따라 높고 낮음이 있는 게 아니라며 신분 해방을 주장했어.

만적의 말에 다른 노비들도 고개를 끄덕였어. 만적과 노비들은 주인을 몰아내고 노비 문서를 불태운 뒤, 궁궐로 쳐들어가기로 계획했지.

▲ 무신 정권 기간에 일어난 농민과 천민의 봉기

개경에 사는 노비들에게 몰래몰래 계획을 알리며 봉기를 준비했단다. 그런데 어떤 노비가 겁을 먹고 주인에게 모든 사실을 말해 버린거야. 만적과 노비들의 봉기 계획을 알게 된 주인은 당장 최충헌에게 알렸지.

최충헌은 군사를 풀어 만적을 비롯해 봉기를 준비했던 노비들을 모조리 잡아들였어. 밧줄로 몸을 꽁꽁 묶어서 산 채로 강물에 던져 버렸단다. 이렇게 노비 신분에서 벗어나길 꿈꾸었던 만적과 많은 노비는 목숨을 잃고 말았지.

지금까지 농민이 봉기한 적은 많았지만, 노비가 들고일어난 적은 없었어. 무신 정권 동안에는 농민뿐만 아니라 천민도 봉기를 일으켰단다.

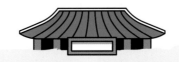

핵심 콕콕 역사 퀴즈

◯ 다음은 망이, 망소이의 봉기와 만적의 난에 대한 설명입니다. 알맞은 설명에 색칠하면서 냇물을 건너 보세요.

출발!

(2)
향, 소, 부곡 사람들과 군현 사람들은 똑같은 대우를 받았다.

(1)
무신 정권이 들어서면서 향, 소, 부곡민이 내야 하는 세금이 늘었다.

(5)
만적은 왕과 귀족, 장수와 재상은 아무나 될 수 없다고 생각했다.

(4)
공주 명학소에 사는 망이와 망소이가 마을 사람들을 이끌고 봉기했다.

(3)
무신들은 향, 소, 부곡이라는 특별한 마을을 정하고, 그곳 사람들을 잘 대접해 주었다.

(7)
노비 만적이 천민 신분에서 벗어날 꿈을 품고, 다른 노비들과 봉기를 계획했다.

(6)
정중부는 명학소를 충순현으로 바꿔 주겠다는 약속을 지켰다.

(9)
만적과 노비들의 계획을 알게 된 최충헌이 이들을 잡아 강물에 던져 죽였다.

(8)
만적과 노비들은 주인을 죽이고 노비 문서를 불태우는 데 성공했다.

도착!

서술·논술 완벽 대비

1 자신이 명학소에 사는 망이 또는 망소이라고 상상하며 향, 소, 부곡민이 어떤 차별을 당했는지 써 보세요.

향, 소, 부곡민의
형편은 더
힘들어졌어.

2 무신들이 정권을 잡은 뒤, 곳곳에서 봉기가 일어난 까닭은 무엇인지 써 보세요.

무신 정권에
농민들의 봉기가
자주 일어났어.

노비가 난을
일으킨 건 이번이
처음이었지.

몽골의 침략과 팔만대장경

이렇게 혼란스러울 때 다른 나라가 침략하면 어떡해요!

무신들은 나라에 관심도 없는데….

이 어려운 시기에 고려는 몽골의 침략을 받는단다.

몽골은 원래 초원을 떠돌며 양이나 말을 기르고 살던 유목 민족이었어. 그런데 '테무친'이라는 인물이 흩어져 있던 여러 부족을 하나로 합쳐 몽골을 세웠지. 몽골 제국의 황제가 된 테무친은 자신을 '칭기즈칸'으로 부르게 했어. 몽골은 놀랍도록 빠르게 주변 나라를 점령했지. 러시아와 유럽에서까지 힘을 떨치며 거대한 제국을 이루었단다.

꾸준히 고려를 위협해 오던 몽골은 갖가지 물건을 요구하며 고려에 사신을 보내왔어. 그런데 몽골의 사신 '저고여'가 고려에 왔다 자기 나라로 돌아가는 길에 살해당했지 뭐야. 몽골은 이 일을 핑계 삼아 1231년, 고려를 침략했어.

몽골 장수 '살리타'가 이끄는 몽골군은 고려의 귀주성을 공격했어. 귀주성을 관리하던 박서 장군은 군사, 백성들과

카라코룸 원
연경(베이징)

사마르칸트

▲ **몽골의 최대 영토** 몽골은 순식간에 아시아와 러시아, 유럽까지 세력을 넓혔어.

▲ 강화도로 수도를 옮긴 이유는 몽골의 공격을 피하려는 것도 있지만 바닷길을 이용해 세금과 공
물을 거두기에도 편했기 때문이야.

함께 귀주성을 지켜 냈지. 몽골군은 귀주성을 함락시키는 것을 포기
하고 개경으로 향했단다.

당시 고려는 최우가 권력을 잡고 있었어. 몽골군이 몰려온다는 소
식에 고려 조정은 몽골의 요구를 모두 들어주기로 했지. 살리타는 의
기양양하게 몽골로 돌아갔단다.

하지만 몽골이 엄청난 양의 공물을 요구하고, 고려의 나랏일에도
간섭하겠다고 해서 문제가 됐어. 결국 최우는 몽골의 요구를 들어주
지 않고, 수도를 개경에서 강화도로 옮기기로 해. 몽골은 초원에서
살던 민족이라 바다를 건너서 공격하지는 못할 거라고 판단한 거지.

마침내 1232년, 최우와 개경 귀족들은 강화도로 수도를 옮겼어. 강화
도는 큰 섬이었지만 고려의 백성을 모두 강화도로 옮길 수는 없었지.
그러니 육지에 남은 백성은 몽골의 침략을 피할 수가 없었어.

陷 빠질 **함**
落 떨어질 **락**
적의 요새나 진지로
쳐들어가 빼앗음

조정 임금이 나라의 정
치를 신하들과 의논하
거나 집행하는 곳. 또는
그런 기구

공물 옛날에 궁중이나
나라에 바치던 물건

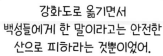

강화도로 옮기면서 백성들에게 한 말이라고는 안전한 산으로 피하라는 것뿐이었어.

백성들을 버리고 자기들끼리만 피신하다니! 정말 비겁해요.

백성은 안중에도 없다니 화가 난다!

크르릉

화악

처인성 전투 기록화 처인성은 오늘날 경기도 용인시 처인구에 있었단다.

고려가 요구를 들어주겠다는 약속을 어기고 강화도로 수도를 옮기자, 몽골이 다시 고려를 쳐들어왔어. 몽골은 마을을 짓밟고, 재물을 약탈하고, 사람들을 함부로 해치며 처인성에 다다랐지. 처인성은 용인에 있는 자그마한 성이었어. 그렇게 튼튼하지도 않았고, 이름난 장수가 지키는 성도 아니었지. 그러나 '김윤후'라는 스님이 성안의 백성을 이끌고 똘똘 뭉쳐서 몽골군의 공격을 막아 냈어. 용감한 처인성의 백성들이 힘센 몽골군을 물리친 거지. 하지만 몽골이 또다시 고려를 침략해 수많은 사람이 목숨을 잃고, 소중한 문화유산도 많이 파괴되었어.

고려는 몽골군이 하루빨리 물러나길 바라며 대장경판을 만들었어. 대장경은 부처님 말씀을 모은 책이야. 고려의 많은 사람이 불교를 믿었잖아. 그래서 고려 사람들은 몽골을 물리쳐 달라고 부처님께 기도하면서 대장경을 만든 거란다. 대장경은 한 권이 아니라 수천 권이나 돼. 책을 찍어 내려면 '대장경판'이라고 부르는 나무판에 글자를 한

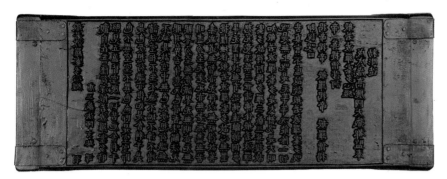

팔만대장경 대장경판

팔만대장경 목판본 경남 합천 해인사에 보관된 팔만대장경을 이용해 조선 전기에 간행한 거야.

자 한 자 직접 새겨야 했지. 이렇게 만든 대장경판의 수가 8만 장이 넘어서 '팔만대장경'이라고 불러. 팔만대장경을 완성하기까지 16년이라는 긴 세월이 걸렸단다.

팔만대장경은 몽골의 침략을 물리치려는 고려 사람들의 간절한 바람이 담긴 문화유산이야. 더불어 고려의 목판 인쇄술이 얼마나 뛰어났는지도 알려 주지. 대장경판은 지금도 인쇄를 할 수 있을 정도로 원래의 모습을 고스란히 간직하고 있단다. 그 가치를 인정받아 유네스코 세계기록유산으로 지정되었어.

나무판으로 만든 게 지금까지 잘 보존되었다니 신기해요.

팔만대장경을 쌓으면 백두산보다 높다고 해요!

팔만대장경이 보관된 경남 합천 해인사 장경판전 온도와 습도를 유지해서 목판이 상하지 않도록 지은 건축물로, 팔만대장경과 같이 유네스코 세계유산으로 등록돼 있어.

비밀은 장경판전에 있어.

척

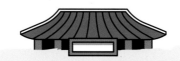

○ 다음 빈칸에 들어갈 알맞은 말을 초성 힌트를 보고 써 보세요.

(1) 고려에 갔던 사신이 죽자, ☐☐ 은/는 이 일을 핑계 삼아 고려를 침략했다.

» 초성 힌트: ㅁ ㄱ

(2) 1231년 몽골군이 침략했을 당시, 고려는 ☐☐ 이/가 권력을 잡고 있었다.

» 초성 힌트: ㅊ ㅇ

(3) 몽골이 엄청난 양의 공물을 요구하고, 고려의 나랏일에도 간섭하겠다고 하자 고려는 수도를 ☐☐☐ (으)로 옮겼다.

» 초성 힌트: ㄱ ㅎ ㄷ

(4) 김윤후와 ☐☐☐ 백성들이 똘똘 뭉쳐 몽골군을 막아 냈다.

» 초성 힌트: ㅊ ㅇ ㅅ

서술·논술 완벽 대비

❶ 최우는 몽골군을 피해 강화도로 수도를 옮깁니다. 최우의 결정을 어떻게 생각하는지 자신의 의견을 써 보세요.

강화도

✎

❷ 고려 사람들이 팔만대장경을 만든 까닭은 무엇인지 써 보세요.

✎

대장경은 부처님의 말씀을 모은 책이야.

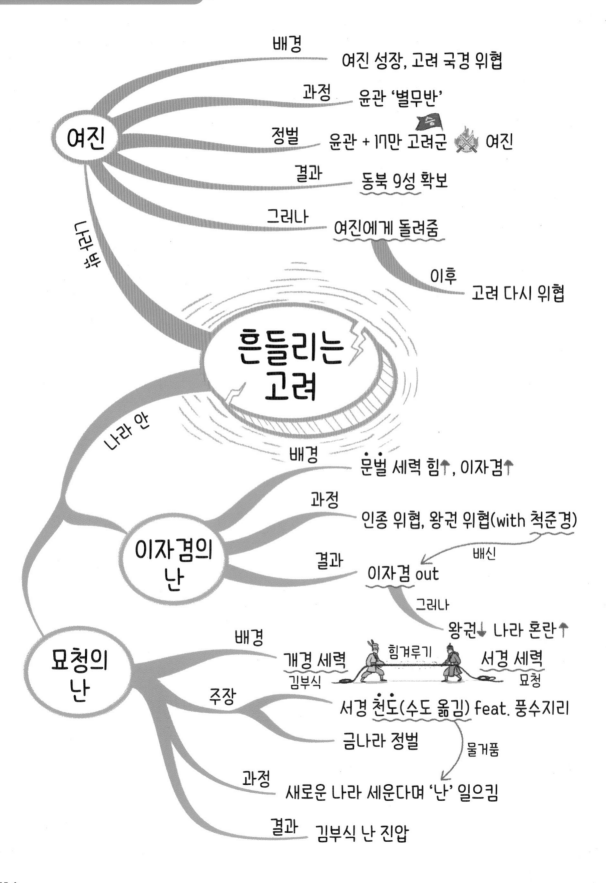

여진
- 배경 — 여진 성장, 고려 국경 위협
- 과정 — 윤관 '별무반'
- 정벌 — 윤관 + 17만 고려군 승 여진
- 결과 — 동북 9성 확보
- 그러나 — 여진에게 돌려줌
  - 이후 — 고려 다시 위협

나라 밖

흔들리는 고려

나라 안

이자겸의 난
- 배경 — 문벌 세력 힘↑, 이자겸↑
- 과정 — 인종 위협, 왕권 위협(with 척준경)
- 결과 — 이자겸 out
  - 배신
  - 그러나 — 왕권↓ 나라 혼란↑

묘청의 난
- 배경 — 개경 세력 ↔힘겨루기↔ 서경 세력
  - 김부식 / 묘청
- 주장 — 서경 천도(수도 옮김) feat. 풍수지리
  - 물거품
  - 금나라 정벌
- 과정 — 새로운 나라 세운다며 '난' 일으킴
- 결과 — 김부식 난 진압

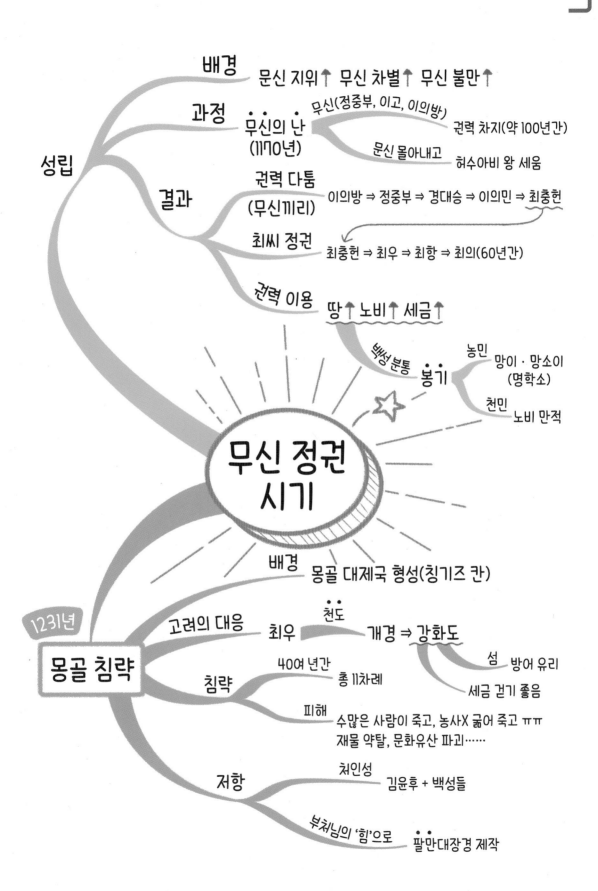

성립

배경 — 문신 지위↑ 무신 차별↑ 무신 불만↑

과정 — 무신의 난 (1170년)
- 무신(정중부, 이고, 이의방) — 권력 차지(약 100년간)
- 문신 몰아내고 — 허수아비 왕 세움

결과
- 권력 다툼 (무신끼리) — 이의방 ⇒ 정중부 ⇒ 경대승 ⇒ 이의민 ⇒ 최충헌
- 최씨 정권 — 최충헌 ⇒ 최우 ⇒ 최항 ⇒ 최의(60년간)

권력 이용 — 땅↑ 노비↑ 세금↑

백성 분통 — 봉기
- 농민 — 망이 · 망소이 (명학소)
- 천민 — 노비 만적

무신 정권 시기

배경 — 몽골 대제국 형성(칭기즈 칸)

1231년

몽골 침략

고려의 대응 — 최우 — 천도 — 개경 ⇒ 강화도
- 섬 — 방어 유리
- 세금 걷기 좋음

침략
- 40여 년간 — 총 11차례
- 피해 — 수많은 사람이 죽고, 농사X 굶어 죽고 ㅠㅠ
  재물 약탈, 문화유산 파괴……

저항
- 처인성 — 김윤후 + 백성들
- 부처님의 '힘'으로 — 팔만대장경 제작

○ 봉기를 일으켰던 농민 망이, 망소이와 노비 만적을 만나서 인터뷰를 한다면 무엇을
물어볼 건가요? 이들을 만난다고 가정하고 인터뷰할 질문지를 써 보세요.

봉기의 주인공 망이, 망소이를 만나다!

질문 1

질문 2

질문 3

노비 신분으로 난을 일으킨 만적을 만나다!

질문 1

질문 2

질문 3

○ 다음 사건 중에서 하나를 골라 6컷 만화로 꾸며 보세요.

여진 정벌 　이자겸의 난 　묘청의 서경 천도 주장 　무신의 난 　망이, 망소이의 봉기

만적의 봉기 　몽골의 침략 　강화도 천도 　처인성 전투

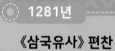

1145년	1270년	1281년
《삼국사기》 편찬	개경 환도 삼별초 항쟁	《삼국유사》 편찬

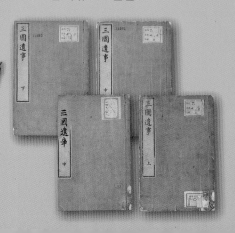

4주

1351년	1364년	1377년
공민왕 즉위 개혁 정치 실시	문익점 목화씨 가져 옴	화통도감 설치

끝까지 몽골에 맞서다

몽골은 계속해서 고려를 침략했어. 고려 백성이 힘껏 싸워서 승리를 거둔 적도 있지만, 그렇지 못한 때가 더 많았지. 힘없는 백성은 몽골군을 피해 이리저리 도망 다니느라 농사도 제대로 지을 수 없었단다. 시간이 흐르면서 몽골군에 의해 목숨을 잃는 백성뿐 아니라, 굶어 죽는 백성도 늘어났어.

그런데 권력을 잡고 강화도로 건너간 고려 조정은 뭘 하고 있었을까?

고려 조정은 힘센 몽골과 직접 전투를 치를 마음이 없었어. 강화도에 피해 있기만 했지.

최우는 강화도에 궁궐을 짓는 한편, 자기 집도 으리으리하게 지었어. 집 안에 넓고 아름다운 정원까지 만들어 사치스럽게 지냈지. 그러면서 육지에 있는 백성에게 세금을 거두어 강화도로 싣고 왔어.

그 돈으로 최우는 집안사람들과 신하들을 불러서 큰 잔치를 열고 놀았어. 산더미 같은 비단을 보기 좋게 내걸고, 곳곳을 꽃과 자개로 호화롭게 장식했지. 거문고와 북, 피리 소리가 요란하게 울려 퍼졌단다.

▲ 강화도의 바닷길은 물살이 세고 굴곡이 심해 몽골군이 건너기 어려웠어. 고려 조정은 이곳에 성을 짓고 방어했지.

최우는 강화도에서 편안히 살다가 세상을 떠났어. 그의 아들 최항도 사치스럽게 살다가 아들 최의에게 권력을 넘겨주었지. 그런데 제멋대로 권력을 휘두르던 최의가 부하의 손에 죽으면서 60년 동안

▲ 몽골의 침략 경로

解 풀 **해**
散 흩을 **산**
모였던 사람이 흩어짐

이어지던 최씨 정권도 끝이 났어. 그로부터 10년 뒤에는 무신 정권 역시 막을 내렸지.

최씨 정권이 무너진 뒤, 고려는 몽골과 화해했어. 왕과 신하들은 개경으로 돌아왔지. 그런데 삼별초가 끝까지 몽골에 맞서 싸우겠다고 했어. 삼별초는 예전에 최우가 도둑을 잡으려고 만든 군대인 '야별초'에서 비롯되었어. 그 뒤로 군사가 늘어나 좌별초, 우별초, 신의군으로 나눠졌는데, 이를 합쳐 삼별초가 되었지.

삼별초는 오랫동안 최씨 가문과 무신 정권을 지키는 일을 했어. 그런데 고려 조정이 몽골과 화해하면서 삼별초를 해산하라고 명령한 거야. 삼별초 군사들에게 개경으로 돌아오라고 했지. 하지만 삼별초 군사들이 개경으로 돌아가면, 몽골이 살려 두지 않을 게 뻔했어. 몽골을 피해서 강화로도 간 최씨 가문을 지키는 일을 했으니까. 삼별초는 명령을 따르지 않고 몽골에 계속 맞서기로 했단다.

이제 더 이상 몽골하고 싸우지 않게 되어서 다행이에요.

해산 명령을 어겼으니 삼별초는 고려와도 싸워야 하네요.

삼별초의 저항은 이제 시작이란다.

삼별초

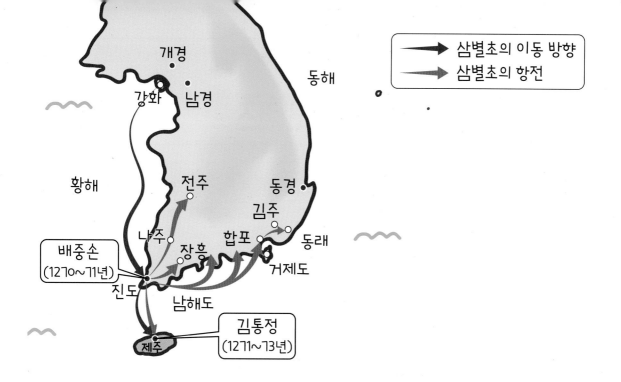

삼별초는 강화도를 떠나 진도로 내려갔어. 배중손이 삼별초를 이끌었지. 삼별초는 진도를 근거지로 삼고 몽골군과 전투를 벌였어. 백성 가운데는 삼별초를 지지하는 사람들도 있었어. 오랫동안 고려를 괴롭힌 몽골을 쉽게 용서할 수 없었던 거지. 삼별초는 여러 섬을 점령하며 경상도와 전라도에서 저항했어.

삼별초가 명령을 따르지 않고 맞서자, 고려 조정은 몽골군과 함께 삼별초를 공격했어. 삼별초는 제주도로 내려갔지만 오래 버티지는 못했어. 저항을 시작한 지 3년 만에 무너지고 만 거야. 이로써 길고 길었던 몽골과의 전쟁도 완전히 끝이 났지.

고려는 약 40년 동안이나 몽골과 전쟁을 벌였어. 몽골은 열한 차례나 고려를 침략했는데, 그 가운데 여섯 번은 대규모의 몽골군이 고려로 쳐들어왔지. 당시 몽골은 세계에서 가장 힘센 나라였어. 그런 몽골을 상대로 이토록 오래 싸운 나라는 고려가 유일했단다.

핵심 콕콕 역사 퀴즈

❶ 다음 는 무엇에 대한 설명일까요? 알맞은 낱말을 빈칸에 써 보세요.

> **보기**
> - 최우가 도둑을 잡으려고 만든 군대에서 비롯되었다.
> - 최씨 가문과 무신 정권을 지켰다.
> - 강화도에서 진도, 진도에서 제주도로 옮기며 몽골과 전투를 벌였다.

❷ 다음 설명이 맞으면 ○표, 틀리면 ✕표에 색칠해 보세요.

(1) 고려 조정은 강화도에서 사치스럽게 지냈다.

(2) 최씨 정권이 무너진 뒤, 고려는 몽골과 화해하고 왕과 신하는 개경으로 돌아왔다.

(3) 삼별초는 고려 조정의 해산 명령을 어기고 개경으로 돌아왔다.

서술·논술 완벽 대비

① 최우가 수도를 강화도로 옮긴 이유가 무엇인지 써 보세요.

② 삼별초가 몽골과 끝까지 싸운 걸 어떻게 생각하는지 써 보세요.

자기들의 권력을
지키려고 개경으로
돌아가지 않은 거잖아.

삼별초를 지지하는
사람들도 있었어.

원나라의 간섭에 시달리다

몽골과 전쟁을 끝낸 고려는 어떻게 되었어요?

원나라의 간섭에 시달리게 되지.

간섭이요? 저도 친구가 자꾸 간섭하면 짜증나던데.

▲ 원나라는 고려에 통치 기구인 쌍성총관부와 동녕부를 설치하고 고려를 간섭했어.

'원'이라는 나라를 들어 본 적 있니? 원나라가 바로 몽골이란다. 이 무렵 몽골 제국이 나라 이름을 '원'으로 바꾸었거든. 고려는 몽골에 맞서 끈질기게 싸운 덕분에 원나라의 직접적인 지배를 받지는 않았어. 하지만 80년 동안이나 원나라의 간섭에 시달리고 무리한 요구도 들어주어야 했지. 그래서 이 시기를 '원 간섭기'라고 불러.

이때 고려의 왕자는 어린 시절부터 왕위에 오르기 전까지 원나라에서 지내야 했어. 원나라가 고려의 왕자를 인질로 잡고 있는 셈이었지. 또, 고려의 왕들은 원나라 황실의 여인과 혼인해야 했어. 고려가 원나라의 사위 나라가 된 거야. 원나라는 고려의 왕이 될 사람도 마음대로 정했어. 왕이 마음에 들지 않으면 제멋대로 왕을 바꾸기도 했지. 또한, 왕을 부르는 이름에 '충(忠)' 자를 넣으라고 했어. 원나라에 충성한다는 의미를 담으라는 거야. 그래서 원 간섭기에 고려를 다스

청백자 물소를 탄
동자 모양 연적

청자 여인상
촛대

▲ 전라남도 신안 앞바다에서 침몰된 배에서 나온 원나라 도자기야. 이 배는 1323년에 원나라를 떠나 고려에 왔다가 일본으로 가던 중 가라앉았대.

렸던 왕은 충렬왕, 충선왕, 충숙왕 등으로 불리게 되었단다.

무엇보다 원나라는 고려에 엄청난 양의 공물을 요구했어. 곡식을 비롯해 비단, 인삼, 도자기 등 바치라는 물건의 종류도 다양했지. 심지어 '매'까지 원나라로 보내라고 했어.

몽골 사람들은 사냥할 때 매를 이용했거든. 고려의 '해동청'은 무척 영리하고 사냥을 잘했어. 원나라 귀족들 사이에서는 고려의 해동청에 대한 소문이 자자했지. 그러니 해동청을 원나라로 보내라고 요구한 거야. 고려는 '응방'이라는 관청까지 만들어서 매를 잡고 길들여 원나라에 보내야 했어.

해동청 매의 옛 이름으로, 우리나라에서 나고 자란 사냥용 매를 전부 해동청이라고 해.

원나라의 요구는 그게 다가 아니었어. 고려의 여인들을 몽골로 보내라고 했지. 몽골로 끌려간 여인들을 '공녀'라고 해. 공녀로 간 고려 여인들은 원나라 궁궐에서 시녀로 일했어. 원나라 귀족이나 장수의 아내가 된 여인도 있었지. 공녀가 정해지면 마을에서는 슬픈 울음소리가 며칠씩 이어졌다고 해.

고려 사람들은 사랑하는 딸을 공녀로 보내고 싶지 않아 일찌감치 혼인시켰어. 공녀는 혼인하지 않은 여인 가운데서 뽑았거든. 공녀를 뽑기 어려워지자 고려 조정에서는 일정 기간 결혼을 금지하는 명령을 내리기도 했대.

고려를 간섭하던 원나라는 바다 건너 일본을 차지하려고 했어. 하지만 원나라 사람들은 튼튼한 배를 만들 기술이 없었고, 험한 바다를 항해하는 법도 몰랐단다. 그러니 일본으로 갈 배를 만들어 내라고 고려에게 요구했어. 고려의 군사들과 군사들이 먹을 양식도 마련하라면서 말이야.

개성 경천사지 십층석탑 우리나라 탑과 생김새가 좀 다르다고? 이 탑은 원나라 영향을 받아 충목왕 때 만들어졌어. 지금은 국립중앙박물관 중앙 통로에 전시되어 있지.

가족과 헤어져 멀리 떠나 사는 건 너무 슬퍼요.

다른 나라의 간섭을 받으면 억울한 일을 당한단다.

드라마에서 보니까 '기황후'도 몽골에 공녀로 갔다가 황후의 자리까지 오른 거래요.

〈몽고습래회사〉 두 차례의 몽골과 고려군의 일본 정벌을 그린 그림으로 일본에서 제작했어.

원나라는 고려에 '정동행성'이라는 관청까지 만들어 일본 정벌을 준비했단다. 개경에 만든 정동행성은 이후 원나라가 고려의 나랏일을 간섭하는 통치 기구로 계속 남아 있게 돼.

이윽고 원나라와 고려의 연합군이 일본으로 가게 됐어. 연합군은 일본과 싸워 큰 승리를 거두었단다. 그런데 그날 밤, 엄청난 태풍이 몰아쳐서 산 같은 파도가 고려군과 원나라 군사들이 탄 배를 삼켜 버렸지.

하지만 원나라는 일본을 정벌하려는 욕심을 버리지 못했어. 얼마 뒤, 또다시 고려군을 이끌고 일본으로 갔지. 그런데 이번에도 태풍이 불어 실패하고 말았어. 결국 일본을 정벌하려는 원나라의 욕심 때문에 고려는 배를 만들고 군사를 보내고 양식을 마련해야 하는 등 큰 피해를 보았단다.

征	칠	정
東	동녘	동
行	다닐	행
省	살필	성

예상했던 대로 원 간섭기에 고려 백성들은 살기 힘들었네요.

공물도 바쳐야 하고 공녀가 되거나 전쟁터에 끌려갈 수도 있으니까요.

언제까지 당하고만 있지는 않았지. 다음 이야기에는 원의 간섭을 벗어나려고 애쓴 왕이 등장한단다.

짝짝

핵심 콕콕 역사 퀴즈

○ 빈칸에 들어갈 알맞은 말을 글자판에서 골라 써 보세요.

정 간 행 섭 충

원 동 공 기 성 녀

(1) 고려는 80년 동안 원나라의 간섭에 시달려야 했는데, 이 시기를

(이)라고 한다.

(2) 원나라는 고려의 왕을 부르는 이름에 원나라에 충성한다는

의미로 [   ] 자를 넣게 했다.

(3) 원나라는 고려의 여인들을 몽골로 보내라고 요구했다. 이렇게

원나라로 끌려간 고려 여인을 [   ][   ] (이)라고 부른다.

(4) 원나라는 고려에 [   ][   ][   ][   ] (이)라는 관청을

만들어 일본 정벌을 준비하게 했다.

서술·논술 완벽 대비

❶ 원 간섭기에 고려에는 조혼 풍습이 생깁니다. 그 까닭은 무엇인지 써 보세요.

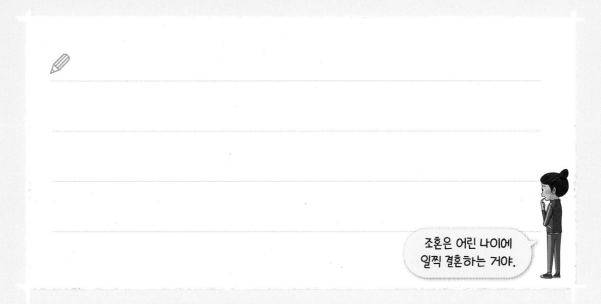

조혼은 어린 나이에 일찍 결혼하는 거야.

❷ 원나라의 간섭을 받을 때 고려는 어떤 일을 겪었나요? 아는 대로 써 보세요.

원나라의 무리한 요구는 뭐가 있었지?

공민왕, 개혁을 외치다

원의 간섭을 벗어난 이야기를 들려주세요.

공민왕 등장!

에헴

먼저 공민왕이 왕이 될 당시 고려는 어땠는지 살펴보자.

원나라 간섭이 이어지면서 고려와 원나라를 오가는 사람이 많아졌어. 앞에서 고려 왕자가 원나라로 가고, 원나라 공주가 고려로 시집을 왔다고 했지? 이때 왕자와 공주를 모시는 많은 사람이 원나라와 고려를 함께 오고 갔어. 또, 두 나라 사신들과 물건을 사고파는 상인들도 활발하게 오갔지. 그러면서 옷이나 모자, 음식, 말 등의 풍습이 서로 전해졌단다.

고려로 들어온 원나라 풍습을 '몽골풍'이라고 해. 몽골풍의 예로, 족두리가 있어. 족두리는 원나라 귀족 부인들이 쓰는 모자였는데, 고려에서 큰 인기를 끌며 시집가는 신부가 쓰게 됐어. 몽골 남자들의 머리 모양인 '겁구아(변발)'를 따라 하는 고려 사람도 늘어났지. 변발은 앞머리를 정수리까지 밀고 뒷머리를 땋은 거야. 이와 반대로 원나라에 고려 풍습이 전해지기도 했단다.

족두리 여성이 예복에 갖추어 머리에 쓰는 관이야. 오늘날에도 전통 혼례를 치를 때 신부가 머리에 쓰지.

이 밖에도 궁궐에서 높은 사람을 일컫는 '마마', 왕이 먹는 음식을 가리키는 '수라', 궁궐에서 일하는 여인을 부르는 '무수리' 같은 몽골 말이 고려에 전해졌어.

〈기마도강도〉의 일부분 고려 관리 이제현이 그린 그림이야. 몽골 옷을 입고 변발을 한 사람들이 얼어붙은 강을 건너는 모습이야.

그런가 하면, 원나라에 아첨하며 권력을 누리는 사람들도 생겼어. 이들을 '권문세족'이라고 해. 권문세족은 원나라를 등에 업고 백성들에게 횡포를 일삼았어. 하지만 원나라는 점차 기울어 가고 있었지. 원나라 귀족들의 부정부패가 심해지자, 여기저기에서 반란이 일어났거든.

권문세족 권문과 세족을 합친 말로 벼슬이 높고 권력과 세력이 높은 집안을 말해.

이러한 때에 공민왕이 고려의 제31대 왕이 되었어. 공민왕도 원 간섭기의 앞선 왕들처럼 원나라에서 10여 년을 살았고 원나라의 노국 대장 공주를 부인으로 맞았지. 그러나 공민왕은 원나라의 간섭에서 벗어나겠다고 다짐했어. 왕위에 오르자 이렇게 명령했단다.

"원나라 사람들의 옷차림이나 머리 모양을 하지 마라!"

공민왕은 원나라 풍습을 금지했어. 고려의 나랏일에 사사건건 간섭하던 정동행성도 없애 버렸단다.

정동행성! 일본을 정벌할 때 만들었던 관청이잖아요!

맞아. 몽골은 이후에도 정동행성을 없애지 않고 그곳에서 고려를 간섭했지.

속 시원하다!

정동행성

하하

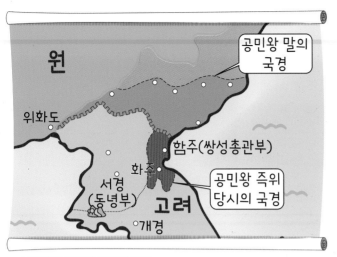

▲ 공민왕이 되찾은 고려의 영토

홍건적 머리에 붉은 수건을 두르고 다녀서 홍건적으로 불렸어. '홍건'이 붉은 수건이란 뜻이거든.

공민왕은 쌍성총관부로 군대를 보냈어. 쌍성총관부는 몽골이 고려의 북쪽을 다스리려고 세운 관청이었어. 예전에 고려와 몽골이 한창 전쟁을 벌일 때 세워졌지. 공민왕은 쌍성총관부를 공격해서 없애 버리고 원나라가 차지하고 있던 고려의 북쪽 땅도 되찾았지.

이처럼 공민왕이 개혁에 힘쓰고 있을 때, 예상치 못한 일이 생겼어. 홍건적이 고려를 침입한 거야. 홍건적이 누구냐고? 원나라 곳곳에서 반란이 일어났다고 했지? 홍건적도 몽골족의 지배에 반발해서 일어난 반란군이야. 이들은 원나라 군대에 쫓기자 고려로 몰려왔어. 홍건적은 두 차례 고려를 침략했어. 두 번째 침략에는 10만 명이나 되는 홍건적이 개경까지 쳐들어왔지. 고려의 최영 장군과 이성계 장군이 홍건적의 침입을 물리쳤지만, 고려는 큰 피해를 입었어.

게다가 공민왕에게 몹시 슬픈 일이 생겼어. 부인인 노국 대장 공주가 아이를 낳다가 세상을 떠났거든. 부인을 사랑했던 공민왕은 큰 슬픔에 빠졌지. 나랏일에 흥미를 잃은 공민왕은 자기를 믿고 따르던 신하, 신돈에게 개혁을 이어 가도록 맡겼어.

공민왕과 노국 대장 공주의 초상

신돈은 스님이었는데 고려의 개혁을 강하게 추진했어. 권문세족의 힘을 꺾기 위해 '전민변정도감'이라는 관청을 설치했지. 전민변정도감은 권문세족의 땅을 조사해서 백성에게서 강제로 빼앗은 땅이 있으면 돌려주는 일을 했어. 또 억울하게 권문세족의 노비가 된 사람도 풀어 주었단다.

백성은 신돈을 지지했지만, 권문세족은 어떻게든 신돈을 없애려고 했어. 갖가지 나쁜 소문을 퍼뜨려 신돈을 궁지로 몰아넣었지. 신돈이 공민왕을 내쫓고 왕이 되려고 한다는 소문까지 퍼뜨렸어. 그러자 공민왕도 차츰 신돈을 의심하게 되었지.

결국 공민왕은 신돈을 죽이라는 명령을 내렸어. 권문세족의 뜻대로 개혁이 중단된 거야. 그로부터 4년 뒤, 공민왕도 권문세족에게 목숨을 빼앗기고 말았단다.

田	밭	전
民	백성	민
辨	분별할	변
整	가지런할	정
都	도읍	도
監	볼	감

핵심 콕콕 역사 퀴즈

○ 다음 설명에서 맞는 것을 모두 찾아 ○표 해 보세요.

(1) 원나라를 오가면서 고려에 원나라 풍습이 들어왔어.

(2) 권문세족은 공민왕에게 잘 보여서 권력을 잡은 사람들이야.

(3) 공민왕은 원나라의 간섭에서 벗어나려고 했어.

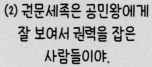

(4) 공민왕이 다스리던 시절, 홍건적이 침입해 고려는 큰 피해를 입었어.

(5) 공민왕은 부인이 죽자, 신돈에게 개혁을 이어 가게 했어.

(6) 권문세족은 신돈의 개혁을 지지했어.

서술·논술 완벽 대비

1 공민왕의 개혁에 대해 아는 대로 써 보세요.

> 고려의 자주적인 모습을 되찾기 위해 무슨 일을 했을까?

2 신돈은 권문세족의 힘을 꺾기 위해 '전민변정도감'을 설치했어요. 전민변정도감은 어떤 일을 했는지 써 보세요.

> 권문세족은 백성의 땅을 빼앗고, 제멋대로 노비로 삼았어.

화약과 목화

왜구는 일본의 해적 무리를 말해. 이들은 고려의 바닷가 마을로 쳐들어와서 식량과 재물을 빼앗고 사람들을 해쳤어. 공민왕 때부터 시작된 왜구의 침범은 우왕 때가 되자 더욱 심해졌단다.

이때 최영 장군이 나섰어. 나라를 지키는 데 평생을 바친 최영은 당시 예순이 넘은 나이였어. 그러나 군대를 이끌고 가서 고려의 땅을 침략한 왜구를 무찔렀지.

▲ 왜구와 홍건적의 침입을 받은 고려

한편, 왜구가 극성을 부리고 있을 때 화약 만드는 법을 알아내기 위해 애쓴 인물도 있었어. 바로 최무선이야. 화약은 터질 때 폭발력이 엄청나기 때문에 화약을 이용한 무기를 만들어서 왜구를 물리치려고 한 거지.

당시 고려는 화약 만드는 방법을 몰랐어. 원나라는 화약 만드는 방법을 알았지만, 철저히 비밀에 부쳤지. 최무선은 화약을 만들기 위해 오랫동안 연구에 매달렸단다. 이윽고 최무선은 중국에서 온 상인을 통해 화약 만드는 법을 알아내고, 우왕에게 관청을 세워 화약 무기를 만들자고 요청했지.

이렇게 해서 고려는 '화통도감'이라는 관청을 세웠어. 최무선은 화통도감에서 여러 가지 화약 무기를 개발했지. 그러던 1380년, 엄청나게 많은 왜구가 진포 앞바다로 몰려왔어. 최무선은 화약 무기를 배에 싣고 나가 500척이나 되는 왜구의 배를 부수고 불태웠지.

왜구는 간신히 육지로 도망쳤지만, 육지에는 이성계 장군이 버티고 있었어. 이성계는 황산(지금의 지리산 부근)으로 도망친 왜구들을 쫓아가 모두 물리쳤단다.

화약 중국에서 발명된 화약은 8세기부터 군사 무기로 사용되었어.

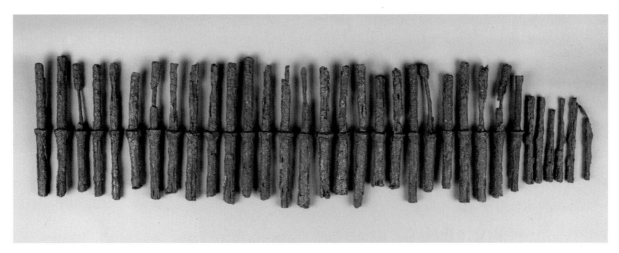

화약 다지개 화약 무기에 화약을 다져 넣을 때 쓰는 것으로 조선 시대에 만든 거야.

과연 최무선의 예상대로 화약이 왜구를 물리치는 데 큰 힘을 발휘했네요.

최영과 이성계는 인기쟁이였겠어요.

그 무렵 고려 백성들에게 인기 있는 게 또 있어.

바로 목화야. 목화는 꽃이 지면 열매를 맺는데, 열매 안에서 포근한 솜이 나와. 이 솜에서 실을 뽑으면 '면'이라는 옷감을 짤 수 있어. 또 옷감 사이에 솜을 넣으면 두툼하고 따뜻한 솜옷이 되지.

그런데 이때까지 우리 땅에서는 목화가 재배되지 않았어. 고려 백성은 대부분 삼베로 만든 옷을 입었단다. 삼베는 '삼'이라는 식물에서 얻은 실로 짠 옷감인데, 바람이 잘 통해서 여름에 입기에는 시원했지만 겨울에는 추위를 제대로 막아 주지 못했지. 비단옷이나 가죽옷을 입으면 되지 않느냐고? 비단옷이나 가죽옷은 값이 비싸서 귀족들이나 입을 수 있었어. 보통 백성은 겨울에도 삼베옷을 여러 겹 껴입고 추위를 견뎌야 했단다.

물레 솜이나 털 따위를 자아서 실을 만드는 기구야.

그러던 때에 문익점이 원나라에 다녀
오면서 목화씨를 가져왔어. 가난한 백성
들이 따뜻한 솜옷을 입을 수 있도록 목
화를 잘 길러 보고 싶었지. 문익점은 목
화씨를 장인어른과 나누어 심었어.

목화 꽃이 진 자리에 꼬투리가 생기는데, 그것이 익어 터지면 솜이 보이지.

문익점이 심은 목화씨는 제대로 자라
지 못했는데 그의 장인어른이 심은 목화
한 줄기가 꽃을 피우고 열매를 맺더니, 씨앗까지 남겼단다. 문익점은
그 씨앗들을 다시 심어서 정성껏 길렀어. 3년 만에 목화를 재배하는
방법을 알아냈지.

문익점은 마을 사람들에게 목화씨를 나누어 주고, 목화를 기르는
방법도 알려 주었어. 또 솜에서 씨앗을 쉽게 빼는 방법과 물레를 이
용해 솜으로 실을 잣는 방법도 알려 주었지. 목화를 기르고 옷감을
짜는 법은 10년도 안 돼 온 나라에 퍼졌어. 사람들은 목화에서 얻은
솜으로 솜옷을 짓고, 솜이불도 만들었지. 덕분에 가난한 백성들도 추
운 겨울을 따뜻하게 보낼 수 있게 되었단다.

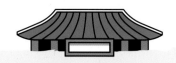

핵심 콕콕 역사 퀴즈

○ 다음 설명이 맞으면 ○표, 틀리면 ✕표 하며 길을 찾아보세요.

출발!

(1) 최무선은 중국에서 온 사신을 통해 화약 만드는 법을 알았다.

(2) 최무선의 요청으로 '화통도감'이라는 관청이 만들어졌다.

(3) 최무선은 화통도감에서 여러 화학 무기를 개발했다.

(4) 문익점은 원나라에 다녀오면서 목화씨를 가져왔다.

크르릉 화악

도착!

(5) 문익점은 목화를 기르는 데 성공했으나 목화로 옷감 짜는 법은 알아내지 못했다.

서술·논술 완벽 대비

1 보기에 제시된 낱말을 사용해서 최무선이 화약을 만든 이유와 과정을 설명해 보세요.

> **보기**
>
> 왜구   화통도감   원나라   중국 상인

2 문익점과 그의 장인어른이 목화 재배에 성공하면서 백성들의 생활에 어떤 변화가 생겼는지 써 보세요.

고려가 남긴 문화유산

고려 이야기가 끝나 가는 게 아쉬워요.

마지막으로 고려의 아름다운 문화유산 이야기를 들려줄게.

고려의 문화유산 하면 고려청자가 떠올라요!

瓷 사기그릇 **자**
器 그릇 **기**
고령토를 원료로 하여 높은 온도로 구운 그릇

翡 물총새 **비**
色 빛 **색**

그래, 고려의 문화유산 가운데 고려청자를 가장 먼저 소개할게. 청자는 푸르스름한 빛깔을 띠는 자기인데, 중국에서 처음 만들어졌어. 고려는 청자 만드는 기술을 받아들인 뒤, 이를 더욱 발전시켜서 고려청자를 만들어 냈단다.

고려청자는 맑고 푸른빛을 띠는 게 특징이야. 고려청자의 빛깔과 같은 푸른색을 '비색'이라고 부르지. 청자 만드는 기술을 전해 준 중국에서조차 이런 비색을 내지 못했어. 그래서 중국 송나라의 학자는 이렇게 말했단다.

"고려의 비색 청자가 천하제일이로다!"

시간이 흐르면서 고려청자에는 '상감'이라는 독특한 기법도 사용되었어. 상감 기법은 겉면에 무늬를 새기고, 거기에 다른 색깔의 흙을 채워 넣는 방법을 말해. 이렇게 해서 구우면 무늬는 바탕색과는 다른 색을 띠게 돼. 상감 기법을 사용한 청자를 '상감 청자'라고 불러.

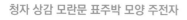

청자 상감 모란문 표주박 모양 주전자

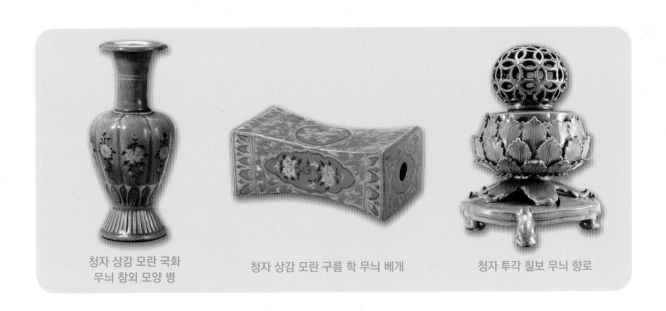

청자 상감 모란 국화
무늬 참외 모양 병

청자 상감 모란 구름 학 무늬 베개

청자 투각 칠보 무늬 향로

　고려 사람들은 여러 가지 물건을 청자로 만들어서 사용했어. 그러나 비색을 띠는 청자나 상감 청자는 고려에서도 귀했지. 왕이나 귀족처럼 신분이 높은 사람들만 쓸 수 있었어.

　고려는 책을 찍어 내는 인쇄술도 발달해서 일찍 금속 활자 기술도 갖고 있었어. 금속 활자 기술은 금속으로 글자를 한 자씩 만든 다음 필요한 글자를 모아서 판을 짜고 책을 찍는 방법을 말해. 나무 판에 글을 새겨 책을 찍는 목판 인쇄술로는 한 번에 한 종류의 책밖에 못 찍지만, 금속 활자를 이용하면 얼마든지 다른 종류의 책을 찍을 수 있었지. 고려는 세계 최초로 금속 활자를 발명했어. 1377년에 간행한 《직지심체요절》은 금속 활자로 찍은 세계에서 가장 오래된 책이야.

고려 금속 활자의 앞면
(왼쪽)과 뒷면

《직지심체요절》 줄여서 '직지'라고 부르는 이 책은 현재 프랑스 국립 도서관에 있어.

청자 상감 구름 학 무늬 매병
　↑　　↑　　　　↑　　　　↑
종류　제작　　　무늬　　　모양
　　　기법

고려 도자기는
'종류 → 제작 기법 →
무늬나 모양 → 용도'
순으로 이름을 붙여.

고려 시대에는 역사책 《삼국사기》와 《삼국유사》도 펴냈어. 삼국의 역사를 자세히 기록한 《삼국사기》는 1145년에 인종 임금의 명령으로 김부식이 젊은 학자들과 함께 만든 책이야. 총 50권으로 이루어졌지.

인종이라면 이자겸의 난과 묘청의 난을 겪은 왕이잖아요.

김부식은 묘청의 난을 진압하러 갔던 인물이고요.

그렇지! 바로 그 김부식이 《삼국사기》를 썼단다.

두 번의 난으로 나라가 혼란스러워지자, 인종은 신하들이 우리 민족의 지난 역사를 돌아보며 그 안에서 교훈을 얻길 바랐어. 그래서 《삼국사기》를 만들도록 했지.

유학자였던 김부식은 권력 지배층의 정통성을 중요하게 여겨 삼국 가운데서 통일을 이룬 신라를 가장 높이 평가했어. 그래서 《삼국사기》에는 신화나 전설처럼 신비로운 이야기는 담겨 있지 않고 고구려, 백제보다 신라 이야기가 많이 쓰여 있지. 이런 아쉬운 점도 있지만 《삼국사기》는 국가가 편찬한 역사책이라는 큰 의미가 담겨 있어. 김부식은 책 앞머리에 글을 아는 사람도 우리 역사를 잘 모르는 게 안타까워서 책을 썼다고 밝혔지. 《삼국사기》는 지금까지 우리나라에 남아 있는 가장 오래된 역사책이란다.

편찬 여러 가지 자료를 모아 체계적으로 정리하여 책을 만듦

《삼국유사》는 《삼국사기》가 편찬된 지 150년쯤 뒤인 충렬왕 때 일연 스님이 쓴 책이야. 총 다섯 권으로 이루어졌지. 당시는 고려가 원나라의 간섭을 받던 때였어. 일연은 백성들에게 용기와 희망을 주고 싶어서 우리 민족의 이야기를 담은 역사책을 펴낸 거란다.

일연 스님은 오랜 세월 자료를 모아서《삼국유사》를 썼어. 사람들의 입에서 입으로 전해 내려오는 전설이나 신화, 노래 등도 책에 실었지. 삼국의 역사를 비롯해 고조선과 부여와 가야에 대한 이야기도 담았단다. 고조선을 세운 단군에 관한 이야기는《삼국유사》에 처음 등장해. 가야에 관한 이야기는 오직《삼국유사》에만 실려 있지.

영주 부석사 무량수전 중간이 불룩하고 위아래가 좁아지는 배흘림기둥이 유명한 부석사의 무량수전이야.

《삼국유사》 고려 후기 일연 스님이 1281년(충렬왕 7) 무렵에 엮은 책이야.

《삼국사기》 우리나라에 남아 있는 역사책 가운데 가장 오래되었어.

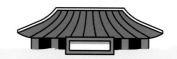

핵심 콕콕 역사 퀴즈

○ 다음 설명을 읽고, 맞는 것을 따라가며 줄을 이어 보세요.

출발!

(1)
고려는 청자 만드는 기술을 받아들인 뒤, 이를 발전시켜 고려청자를 만들었다.

(2)
상감 청자는 흔해서 누구나 쓸 수 있었다.

(3)
고려는 금속 활자로 책을 찍어 내는 기술을 갖고 있지 않았다.

(4)
《직지심체요절》은 금속 활자로 찍은 세계에서 가장 오래된 책이다.

(5)
《삼국사기》는 충렬왕 때 일연 스님이 쓴 책이다.

(6)
《삼국사기》에는 다양한 신화와 전설이 담겨 있다.

(7)
《삼국사기》는 지금까지 우리나라에 남아 있는 가장 오래된 역사책이다.

(8)
《삼국유사》는 인종 임금 때 김부식이 만든 책이다.

(9)
《삼국유사》에는 삼국의 역사만이 담겨 있다.

(10)
단군 이야기는 《삼국유사》에 처음 등장한다.

도착!

서술·논술 완벽 대비

❶ 고려청자를 외국 친구들에게 소개한다면, 어떻게 설명할지 써 보세요.

고려청자의 이 빛깔을
뭐라고 하더라?

❷ 《삼국사기》와 《삼국유사》의 차이점을 하나 이상 써 보세요.

《삼국사기》는 김부식,
《삼국유사》는 일연 스님이 쓴
역사책이지.

배경
- 백성 ── 끝까지 저항
- 무신 정권 ── 강화도에서 호의호식 ── 최의 죽음 ── 무신 정권 끝 ~
- 고려 조정 ── 몽골과 화해 ── 개경으로 돌아옴 ── 원의 간섭 ── 시작
- 삼별초 ── 해산 명령 어기고 몽골과 전투

간섭
- 통치 기구 ── 쌍성총관부, 동녕부
- 왕실 ── 왕자(원나라에서), 왕(원나라 황실 여인과 혼인), 이름('충')
- 요구
  - 공물 ── 비단, 인삼, 도자기, 매(해동청) ······
  - 공녀 ── 혼인하지 않은 여인
- 일본 정벌 ── 정동행성 ── 배, 군사, 양식 준비

원 간섭기

공민왕

개혁
- 몽골 풍습 ── 금지
- 정동행성 ── X
- 쌍성총관부 ── 되찾음
- 영토 회복 ── 북쪽 땅 되찾음
- 권문세족 ↓ 전민변정도감(feat. 신돈)

150

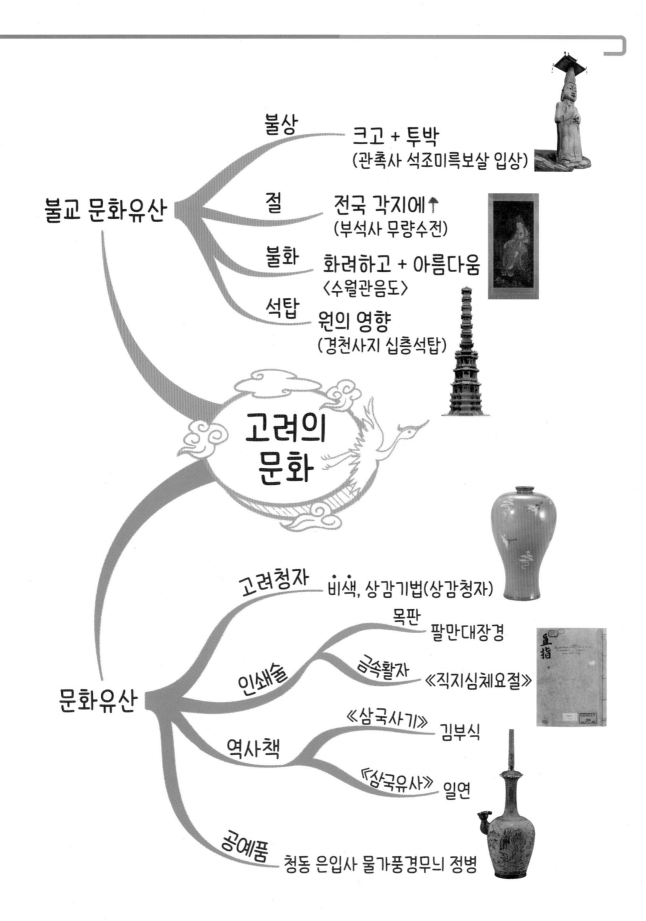

불교 문화유산

불상　크고 + 투박
（관촉사 석조미륵보살 입상）

절　전국 각지에↑
（부석사 무량수전）

불화　화려하고 + 아름다움
〈수월관음도〉

석탑　원의 영향
（경천사지 십층석탑）

고려의 문화

문화유산

고려청자　비색, 상감기법（상감청자）

인쇄술　목판　팔만대장경

금속활자　《직지심체요절》

역사책　《삼국사기》　김부식

《삼국유사》　일연

공예품　청동 은입사 물가풍경무늬 정병

○ 고려의 문화유산을 소개해 보세요.

고려청자

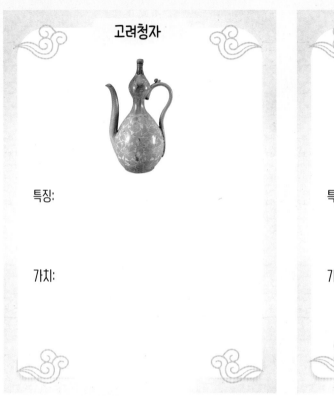

특징:

가치:

팔만대장경

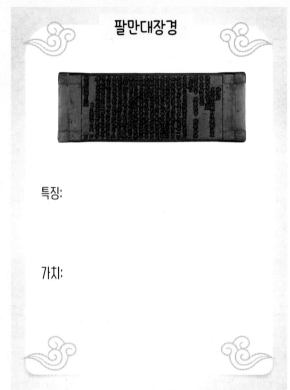

특징:

가치:

《직지심체요절》

특징:

가치:

《삼국유사》

특징:

가치:

고려 시대에는 어떤 일들이 있었나요? 주요 사건과 내용을 간략하게 정리해서 고려 연표를 만들어 보세요.

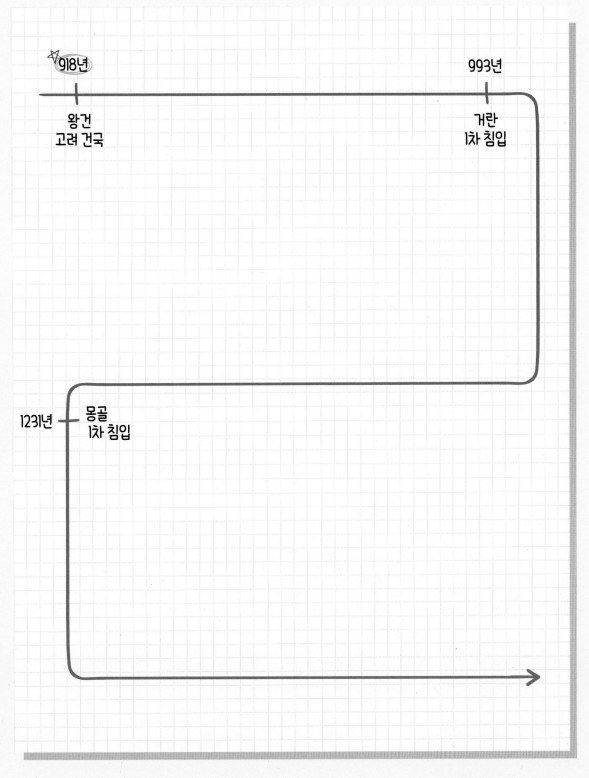

918년

993년

왕건
고려 건국

거란
1차 침입

1231년 — 몽골
1차 침입

MEMO

진짜진짜

한국사 교과서 논술

2권
후삼국~고려

정답 및 해설

1주 1일

핵심 콕콕 역사 퀴즈 16쪽

- ① 후고구려 ② 후백제 ③ 신라
  (1) 귀족 (2) 봉기 (3) 호족
  (4) 견훤, 후백제 (5) 궁예, 후고구려

- ① 송악을 수도로 삼은 나라는 '후고구려'입니다.
  ② 옛 백제 땅 완산주에 수도로 삼은 나라는 '후백제'입니다.
  ③ 후고구려와 후백제가 들어서면서 신라는 수도인 금성과 그 주변 지역만 다스리게 되었습니다.
  (1) 신라의 왕과 귀족들은 백성에게 높은 세금을 거두어 호화롭게 살았지만, 백성은 세금을 내느라 먹고 살기 힘들었습니다.
  (2) 889년 사벌주에서는 농민 원종과 애노가 마을 사람들을 이끌고 봉기했습니다.
  (3) 왕과 귀족들이 나라를 돌보지 않는 사이, 지방에서는 힘을 키운 호족이 등장했습니다.
  (4) 견훤은 900년, 옛 백제 땅에 후백제를 세웠습니다.
  (5) 궁예는 901년, 따르는 사람이 늘자 후고구려를 세웠습니다.

서술·논술 완벽 대비 17쪽

- ❶ 통일 신라 말, 왕과 귀족들이 나라를 제대로 돌보지 않는 사이에 지방에서 힘을 키운 '호족'이 등장했습니다. 호족들은 자신을 성주 또는 장군이라고 부르며 지방을 다스렸습니다. 더 넓은 지역을 차지하려고 서로 싸움을 벌이기도 했지요. 이런 내용을 바탕으로 호족이 되어 자기소개를 해 보세요.

- ❷ 길상탑 안에서 나온 최치원의 글에는 '혼란한 상황에서 도적들에게 목숨을 빼앗긴 56명의 영혼을 달래기 위해 이 탑을 세웠다.'고 쓰여 있었습니다. 이 글로 미루어, 당시 신라가 도둑이 들끓을 정도로 몹시 혼란한 상황이었다는 것을 알 수 있습니다.

1주 2일

핵심 콕콕 역사 퀴즈 22쪽

- ❶ 1-2-4-5-3-6
- ❷ (4)

- ❶ 후삼국의 통일 과정은 다음과 같습니다. 후고구려를 세운 궁예를 몰아내고 왕건이 고려를 세웠다. → 공산 전투에서 고려의 왕건이 후백제의 견훤에게 크게 졌다. → 고창 전투에서 후백제의 견훤이 고려의 왕건에게 크게 졌다. → 견훤의 첫째 아들 신검이 반란을 일으켜서 견훤은 왕건에게 도망갔다. → 경순왕이 왕건에게 항복했다. → 왕건이 후백제를 무너뜨리며 후삼국을 통일했다.

- ❷ 신라 경순왕의 아들인 마의 태자는 고려에 항복하는 것을 반대했습니다.

서술·논술 완벽 대비 23쪽

- ❶ 후고구려를 세운 궁예는 강력한 힘을 가진 왕이 되길 원했습니다. 그래서 관심법을 핑계로 신하들을 죽이며 포악한 정치를 펼치다 왕의 자리에서 쫓겨나고 맙니다.
  그러나 왕건은 신라를 도와주고, 맞서 싸우던 견훤도 받아들이는 포용 정책을 펼칩니다. 그 결과, 전쟁 없이 신라를 차지하고 후백제와의 전쟁에서 승리하며 후삼국을 통일합니다.

- ❷ 당시 힘이 약했던 신라는 힘센 고려와의 전쟁에서 이길 가능성이 매우 낮았습니다. 만약 고려와 전쟁을 벌였다면, 많은 신라의 백성과 군인이 죽거나 다쳤을 것입니다. 따라서 경순왕이 백성을 위해 옳은 결정을 내렸다는 의견이 있습니다.
  반면, 힘껏 싸워 보지도 않고, 오랜 역사를 지닌 신라를 고려에 내어 준 것은 성급한 결정이었다는 의견도 있습니다. 이러한 의견들을 참고해 자신의 생각을 써 보세요.

핵심 콕콕 역사 퀴즈　　28쪽

❶ (1) 북진 정책　(2) 기인 제도

　　(3) 사심관　(4) 훈요십조

❷ 발해

❶ (1) 북진 정책은 왕건이 옛 고구려 땅을 되찾기 위해 펼친 정책입니다.

(2) 기인 제도는 호족의 아들을 개경에 머물게 하는 제도입니다.

(3) 사심관은 자신의 고향을 다스릴 수 있는 벼슬로, 사심관이 된 관리는 수도 개경에 머물렀습니다.

(4) 훈요십조는 왕건이 세상을 떠나기 전, 자신의 뒤를 이을 왕들에게 남긴 열 가지 가르침입니다.

❷ 발해는 고구려 유민이 세운 나라로, 거란의 침략에 의해 멸망했습니다. 고려의 왕건은 나라를 잃은 발해 백성을 따뜻하게 받아들였지요.

서술·논술 완벽 대비　　29쪽

◆ 고려를 안정시키고, 후삼국을 통일하기 위해서는 호족들의 지지와 도움이 필요했습니다. 그래서 왕건은 호족들의 마음을 얻기 위해 여러 호족의 딸들과 혼인했어요. 또한 호족들에게 땅과 벼슬을 주고, 자신의 성씨인 '왕씨'를 주기도 했지요.

왕건은 힘겹게 살아가는 백성을 위해 세금을 낮추고, 곡식을 빌려주기도 했습니다. 전쟁에 시달린 백성의 마음을 다독이려고 불교 행사도 자주 열었지요. 이러한 내용을 바탕으로, 왕건의 입장이 되어 답을 써 보세요.

핵심 콕콕 역사 퀴즈　　34쪽

◆ (1) ○　(2) ○　(3) ✕　(4) ✕　(5) ✕　(6) ○

◆ (1) 왕건이 세상을 떠나자, 호족들은 자신의 외손자를 왕으로 만들기 위해 서로 다투었습니다.

(2), (3) 광종은 억울하게 노비가 된 사람을 노비 신분에서 풀어 주는 노비안검법을 실시했습니다. 많은 노비를 거느린 호족들이 노비안검법을 강하게 반대했지만, 광종은 뜻을 꺾지 않았습니다.

(4), (5) 광종은 시험을 치러서 관리를 뽑는 과거 제도를 시행했습니다. 하지만 신분이 낮은 노비는 과거 시험을 볼 수 없었습니다.

(6) 광종은 관리에게 벼슬의 높낮이에 따라 정해진 색깔의 옷을 입게 했습니다.

서술·논술 완벽 대비　　35쪽

❶ 광종은 고려를 잘 다스리려면 호족의 힘을 꺾고 왕의 힘을 키워야 한다고 생각했습니다. 그래서 호족이 거느린 노비의 수를 줄이고, 세금을 내는 양인의 수가 많아지도록 '노비안검법'을 실시했습니다. 또 '과거 제도'를 통해 호족이 아닌 왕에게 충성할 인재를 뽑았지요. '공복 제정'을 통해 왕이 가장 높은 자리에 있다는 것도 분명히 했습니다.

❷ 광종은 호족에게 휘둘리지 않기 위해, 새로운 제도와 정책을 펼치며 왕의 힘을 키웠어요. 그러나 조금이라도 자신의 뜻을 거스르는 호족에게는 큰 벌을 내렸습니다. 그래서 호족에게 지나치게 가혹했다는 의견도 있지요. 이러한 내용을 바탕으로, 광종을 어떻게 평가할지 써 보세요.

1주 — 5일

핵심 콕콕 역사 퀴즈   40쪽

- ① 시무28조   ② 유교   ③ 의창
  ㉠ 2성 6부   ㉡ 향교   ㉢ 상평창

- ① '지금 시급히 해야 할 28가지 일'이라는 뜻으로, 최승로가 성종에게 올린 글은 '시무 28조'입니다.
  ② 중국 학자인 공자의 가르침을 따르는 사상은 '유교'입니다. 최승로는 유교를 바탕으로 나라를 다스려야 한다고 했습니다.
  ③ 평소에 곡식을 저장해 두었다가 흉년이 들었을 때 백성에게 곡식을 빌려주는 고려의 기관은 '의창'입니다.
  ㉠ 당나라의 3성 6부를 참고해 만든 고려의 정치 기구는 '2성 6부'입니다.
  ㉡ 성종은 12목에 향교를 만들었는데, 향교는 지방 교육 기관입니다.
  ㉢ 고려에서 곡식의 가격을 조절하기 위해 만든 기관은 '상평창'입니다.

서술·논술 완벽 대비   41쪽

- ❶ 그동안 고려의 지방은 호족들이 맡아서 다스렸습니다. 그러다 보니, 호족들이 멋대로 지방을 다스리고 백성을 괴롭히는 일이 많았습니다. 하지만 왕이 보낸 지방관은 왕의 명령대로 지방을 다스렸습니다. 또한 지방에서 일어난 일을 낱낱이 왕에게 알렸습니다.

- ❷ 먼저, 오늘날 우리 사회가 안고 있는 문제들을 떠올려 봅니다. 그 가운데 서둘러 해결해야 할 문제가 무엇인지, 그 문제를 해결하려면 어떻게 해야 할지 자신의 생각을 써 보세요.

2주 — 1일

핵심 콕콕 역사 퀴즈   52쪽

- (1) 송   (2) 거란   (3) 서희   (4) 강동 6주

- (1) 고려는 발해를 멸망시킨 거란을 멀리하고, 송나라와 친하게 지냈습니다.
  (2) 발해를 멸망시킨 거란이 성종이 다스리는 고려로 쳐들어왔습니다.
  (3) 거란이 땅을 내놓으라고 요구하자, 서희가 거란 장수 소손녕을 만나 담판을 지었습니다.
  (4) 고려는 압록강 주변에 있는 여진족을 몰아내고, 그곳을 고려의 땅으로 만들어 강동 6주로 불렀습니다.

서술·논술 완벽 대비   53쪽

- ❶ 지도를 보고 각 나라의 관계를 생각해 봅니다. 거란은 송나라를 차지할 계획이었는데, 고려가 송나라와 가까이 지내는 것이 걸렸습니다. 송나라와 전쟁을 벌일 때, 고려가 거란의 뒤를 칠 수도 있기 때문이지요. 그래서 거란이 송나라와 전쟁을 벌이기 전에 먼저 고려를 침략한 것입니다.

- ❷ 고려는 나라를 세울 때부터 신라가 아닌, '고구려'를 잇는 나라임을 분명히 밝혔습니다. 나라 이름도 '고려'로 정했지요. 그래서 서희는 소손녕에게 거란이 차지하고 있는 옛 고구려 땅을 고려에 돌려주어야 한다고 당당하게 말한 것입니다. 이러한 내용을 바탕으로, 소손녕의 말을 반박하며 글을 써 보세요.

핵심 콕콕 역사 퀴즈　58쪽

❶ (3)

❷ (1) 강동 6주　(2) 귀주

❶ (1) 거란은 성종이 고려를 다스리던 때에 고려를 침략했습니다. 그 뒤인 1010년과 1018년에도 고려를 침략했지요.

　(2) 고려의 현종 임금은 거란을 찾아가지 않았고, 강동 6주도 내어주지 않았습니다.

❷ (1) 고려를 침략한 거란은 항복을 요구하며 강동 6주를 내놓으라고 요구했습니다.

　(2) 강감찬 장군은 귀주에서 거란군을 크게 물리쳤습니다.

서술·논술 완벽 대비　59쪽

❶ 1018년에 거란이 고려를 침략하자, 현종 임금은 강감찬을 총사령관으로 임명해 거란군을 막도록 했습니다. 강감찬은 개경으로 오는 거란군을 계속 공격했습니다. 거란군은 개경에 다다랐지만, 완전히 지쳐서 되돌아가기로 했지요. 강감찬은 거란군을 호락호락 돌려보내지 않았습니다. 귀주에서 거란군과 전투를 벌여 큰 승리를 거두었는데, 이 전투를 '귀주 대첩'이라고 합니다. 강감찬 장군이 되어, 이런 내용을 설명해 보세요.

❷ 고려는 거란의 침략을 세 번이나 물리쳤습니다. 그러니 거란은 고려를 더는 넘보지 못할 거예요. 고려는 주변 나라에 작지만 강한 나라로 알려졌겠지요. 또, 송나라는 이전보다 더욱 고려와 가까이 지내려고 노력했을 것으로 예상할 수 있습니다.

핵심 콕콕 역사 퀴즈　64쪽

◉ (1) → (4) → (5) → (8) → ⑩

◉ (2) 고려는 거란과도 교류했습니다.

　(3) 벽란도는 고려의 도읍인 개경과 가까웠습니다.

　(6) 송나라 상인들이 가져온 물건은 값이 비싸 일반 백성들은 살 수 없었습니다.

　(7) 고려는 여진에 곡식과 농기구 등을 팔고, 모피와 말을 들여왔습니다.

　(9) 아라비아 상인들은 고려에서 금과 은, 비단 등을 사 갔습니다.

서술·논술 완벽 대비　65쪽

❶ 벽란도는 고려의 수도인 개경과 가까운 곳에 있었습니다. 또한 바다의 깊이가 깊어서 큰 배도 들어올 수 있었지요. 그래서 여러 나라 상인들이 배를 타고 벽란도를 찾아와 활발하게 무역을 벌인 것입니다.

❷ 나라마다 많이 생산하는 농산물이나 물건이 다릅니다. 따라서 다른 나라와 무역하면, 우리나라에 없는 원료나 물건을 싼값에 들여올 수 있습니다. 반대로 우리나라에서 생산한 물건을 다른 나라에 팔아 소득을 올릴 수도 있습니다.

2주 ❖ ❖ ❖ ❖ ❖ ❖ ❖ ❖ 4일

핵심 콕콕 역사 퀴즈　70쪽

◎ (1) ㉡ (2) ㉢ (3) ㉤ (4) ㉣ (5) ㉠

◎ ㉠은 오늘날 열리는 연등 행사의 모습입니다.

㉡은 팔관회가 열리는 모습을 그린 그림입니다.

㉢은 〈수월관음도〉라는 불화입니다.

㉣은 '논산 관촉사 석조 미륵보살 입상'이라는 고려 시대 불상입니다.

㉤은 '양산 통도사 국장생 석표'입니다. 이곳이 '통도사'라는 절의 땅임을 알리는 돌기둥입니다.

서술·논술 완벽 대비　71쪽

❶ 팔관회는 늦은 가을에 개경과 서경에서 열렸는데, 행사가 사흘이나 계속되었습니다. 팔관회가 시작되면, 먼저 왕이 여러 신에게 제사를 올렸습니다. 이어서 신하들과 여러 나라 사신들이 왕에게 인사를 올렸지요.

인사가 끝나면 큰 잔치가 열렸습니다. 궁궐에서는 멋진 공연을 펼쳤는데, 이날만큼은 백성도 궁궐에서 공연을 구경할 수 있었습니다. 백성들은 춤을 추고 노래를 부르며 잔칫날처럼 즐겁게 보냈습니다. 이러한 내용을 바탕으로, 자신이 팔관회에 참석했다고 상상하며 답을 써 보세요.

❷ 고려 시대에는 절에서 농사를 지어 거둔 농산물이나 직접 만든 물건을 사람들에게 팔았습니다. 절을 찾은 사람들끼리 물건을 사고팔며 오늘날의 시장과 같은 역할을 한 것입니다. 또, '원'이라는 숙박 시설을 만들어 운영했습니다.

2주 ❖ ❖ ❖ ❖ ❖ ❖ ❖ ❖ 5일

핵심 콕콕 역사 퀴즈　76쪽

◎ (1) ○ (2) ○ (3) × (4) × (5) × (6) ○

◎ (3) 고려 시대의 백정은 농민을 말합니다. 이후 조선 시대에 와서 가축을 잡는 사람을 백정으로 부릅니다.

(4) 향, 소, 부곡에 사는 사람들은 양인에 속했습니다.

(5) 향과 부곡에서 사는 사람들은 나라에서 관리하는 땅에서 농사를 지었고, 소에 사는 사람들은 금과 은을 캐거나 소금, 도자기 등을 만들었습니다. 향, 소, 부곡민은 군현에 사는 사람들보다 훨씬 많은 세금과 수공업 제품, 철 등의 광업품을 바쳐야 했고, 마음대로 옮겨 살 수도 없었습니다.

서술·논술 완벽 대비　77쪽

❶ 백정은 군현에서 농사지어 거두어 들인 곡식의 일부를 세금으로 냈습니다. 또 지방에서는 지역에서 나는 특산물을 바쳤지요. 나라에서 큰 공사를 벌이면 그곳에 가서 일을 도와야 했습니다.

❷ 음서 제도는 벼슬이 높은 사람의 자손이 과거 시험을 치르지 않고도 관리가 될 수 있게 한 것입니다. 이렇게 관리가 되는 게 타당한지, 만약 타당하지 않다면 그 이유는 무엇인지 생각해 답을 써 보세요.

핵심 콕콕 역사 퀴즈 88쪽

◎ (1) 여진 (2) 윤관 (3) 별무반

◎ (1) 여진은 원래 만주에 살던 민족인데, 점차 힘을 키우더니 숙종 때 고려의 국경 지역을 위협했습니다.

(2) 윤관은 1107년, 예종의 명령에 따라 고려군을 이끌고 여진을 정벌하러 간 장군입니다.

(3) 별무반은 여진에 맞서기 위해 만든 군대로 신기군, 신보군, 항마군으로 이루어졌습니다.

서술·논술 완벽 대비 89쪽

❶ 별무반은 신기군, 신보군, 항마군으로 이루어졌습니다. 신기군은 기병 부대로, 말을 타고 싸우는 군사들이었습니다. 신보군은 땅 위에서 공격하는 보병 부대였으며, 항마군은 스님들을 모아서 만든 부대였습니다. 별무반을 만든 이유는 국경 지역을 위협하는 여진에 맞서기 위해서입니다. 여진 군사들은 대부분 말을 타고 싸웁니다. 이에 고려 군사들도 기병 부대를 키울 필요가 생긴 것입니다.

❷ 동북 9성은 고려의 수도에서 멀리 떨어져 있어서 관리하기가 힘들었습니다. 또한 고려는 여진과 계속 싸우느라 지친 상황이었기 때문에 끈질기게 조르는 여진에게 동북 9성을 돌려주었습니다.

핵심 콕콕 역사 퀴즈 94쪽

◎ (1) ○ (2) ○ (3) × (4) ○ (5) × (6) ○

◎ (3) 이자겸의 난으로 인해 왕의 권위가 떨어졌습니다.

(5) 김부식과 개경 귀족들은 묘청이 제안한 서경 천도를 강하게 반대했습니다.

서술·논술 완벽 대비 95쪽

❶ 이자겸은 인종의 외할아버지로, 어린 나이에 왕위에 오른 인종을 대신해 나랏일을 하며 권력을 잡았습니다. 청년이 된 인종은 이자겸을 물리치고 빼앗긴 왕권을 되찾으려고 했습니다. 그러나 이를 알게 된 이자겸은 1126년, 부하 척준경과 함께 반란을 일으켜 인종을 자신의 집에 가두었습니다. 이를 '이자겸의 난'이라고 합니다.

❷ 개경 귀족들은 도읍을 서경으로 옮기면, 서경 출신 신하들의 힘이 강해지고 자신들 힘은 약해질 것이라며 서경 천도를 반대했습니다. 또한 금나라에 맞서지 말고, 그들의 요구를 들어주어야 한다고 주장했지요.
반면 서경 출신 신하들은 서경 천도를 지지하며, 서경으로 도읍을 옮기고 나라의 힘을 키워서 금나라를 정벌하자고 했습니다. 이러한 내용을 바탕으로, 각각의 입장이 되어 답을 써 보세요.

3주 3일

핵심 콕콕 역사 퀴즈　100쪽

❶ (2), (3)

❷ (1) 차별　(2) 불만

❶ (1) 고려에서는 무신을 문신보다 낮게 여겼습니다.

(4) 정권을 잡은 무신들은 권력을 독차지하기 위해 자기들끼리 끊임없이 싸움을 벌였습니다.

❷ 고려에서 높은 벼슬자리는 늘 문신 차지였으며, 문신은 대놓고 무신을 무시했습니다. 이렇게 벼슬자리에 대한 차별을 겪은 무신들의 불만이 쌓여, 무신의 난이 일어나게 됩니다.

서술·논술 완벽 대비　101쪽

❶ 문신은 글공부를 해서 관리가 된 사람입니다. 이들은 과거 시험을 봐서 관직에 오른 사람들입니다. 높은 벼슬자리는 늘 문신의 차지였으며, 군대를 지휘하는 자리까지 문신이 맡았습니다.

무신은 무예를 익혀 관리가 된 사람입니다. 이들은 따로 시험을 보지 않고 주고 추천에 의해 관리가 되었습니다. 오래전부터 무신은 무신보다 낮게 여겼습니다.

❷ 무신 정권은 무신들이 권력을 잡고, 나라를 다스리던 때를 말합니다. 무신 정권은 약 100년 동안 이어졌는데, 무신들은 권력을 차지하기 위해 자기들끼리 끊임없는 싸움을 벌였습니다. 이의방, 정중부, 경대승, 이의민, 최충헌의 순서로 권력을 잡았고, 이후 최씨 가문이 4대에 걸쳐 60년 동안 권력을 움켜쥐었습니다.

3주 4일

핵심 콕콕 역사 퀴즈　106쪽

○ (1) → (4) → (7) → (9)

○ (2) 향, 소, 부곡 사람들은 군현에 사는 사람들보다 낮은 대우를 받았습니다.

(3) 무신 정권이 들어선 뒤에 향, 소, 부곡에 사는 사람들의 생활은 더욱 어려워졌습니다.

(5) 만적은 왕이나 귀족, 장수와 재상이 될 사람이 따로 있는 게 아니라고 생각했습니다.

(6) 정중부는 명학소를 충순현으로 바꾸어 준다는 약속을 지키지 않았습니다.

(8) 만적과 노비들은 주인을 몰아내고 노비 문서를 불태우기로 계획했으나, 한 노비가 겁을 먹고 주인에게 사실을 말하는 바람에 계획이 실패로 돌아갔습니다.

서술·논술 완벽 대비　107쪽

❶ 향, 소, 부곡 사람들은 군현에 사는 사람들보다 훨씬 많은 세금과 수공업품, 광업품을 나라에 바쳐야 했습니다. 또한 마음대로 옮겨 살 수 없도록 나라에서 정해 두었기 때문에 생활이 힘겨워도 다른 곳으로 갈 수 없었습니다.

❷ 권력을 잡은 무신들은 떵떵거리며 살기 위해, 땅과 노비를 마구 늘렸습니다. 게다가 무신들이 권력을 잡는 데 신경 쓰는 사이, 지방 관리들은 욕심을 채우기 위해 더 많은 세금을 거두어들였습니다. 자연히 백성의 생활은 어려워졌고, 더는 참을 수 없게 된 백성들이 곳곳에서 들고일어난 것입니다.

핵심 콕콕 역사 퀴즈 112쪽

◎ (1) 몽골 (2) 최우 (3) 강화도 (4) 처인성

◎ (1) 고려에 갔던 사신이 죽자, 몽골은 이 일을 핑계 삼아 고려를 침략했습니다.

(2) 1231년 몽골군이 침략했을 당시 고려는 최우가 권력을 잡고 있었습니다.

(3) 몽골이 엄청난 양의 공물을 요구하고 고려의 나랏일에도 간섭하겠다고 하자 고려는 수도를 개경에서 강화도로 옮겼습니다.

(4) 김윤후와 처인성 백성들은 똘똘 뭉쳐 몽골군을 막아 냈습니다.

서술 · 논술 완벽 대비 113쪽

❶ 몽골이 고려에 무리한 요구를 하자, 최우는 이를 들어주지 않고 수도를 강화도로 옮겼습니다. 하지만 고려 백성 모두가 강화도로 갈 수는 없었어요. 육지에 남은 백성들은 여러 차례에 걸친 몽골의 침략으로 큰 고통을 겪었지요. 이러한 사실을 떠올리며, 최우의 결정에 대한 자신의 생각을 써 보세요.

❷ 팔만대장경은 부처님의 말씀을 모은 책인 대장경을 찍어 내는 나무판입니다. 몽골의 침입 때 고려에서 만든 대장경판의 수가 8만 장이 넘어서 팔만대장경이라고 부르지요. 고려에서는 많은 사람이 불교를 믿었습니다. 그래서 고려 사람들은 부처님께 몽골을 물리쳐 달라고 기도하면서 대장경을 만든 것입니다.

핵심 콕콕 역사 퀴즈 124쪽

❶ 삼별초

❷ (1) ○ (2) ○ (3) ×

❶ 삼별초는 최우가 도둑을 잡으려고 만든 군대인 '야별초'에서 비롯되었습니다. 오랫동안 최씨 가문과 무신 정권을 지키는 일을 했지요. 고려 조정이 몽골과 화해하고 해산 명령을 내리자, 삼별초는 강화도에서 진도, 제주도로 옮기며 몽골군과 전투를 벌였습니다.

❷ (3) 삼별초는 고려 조정이 내린 해산 명령을 따르지 않고 개경으로 돌아오지 않았습니다.

서술 · 논술 완벽 대비 125쪽

❶ 몽골은 원래 초원에서 살던 민족입니다. 육지에서 하는 싸움에는 강하지만 바다에서 벌이는 전투에는 약하지요. 강화도는 주변 바다의 물살이 세서 몽골군이 쉽게 건너올 수 없습니다. 그래서 고려 조정이 강화도로 수도를 옮긴 것입니다. 또한 강화도의 물길을 이용해서 세금을 거두어 왔습니다.

❷ 고려 조정은 몽골과 화해한 뒤, 삼별초에 해산 명령을 내리며 개경으로 돌아오라고 했습니다. 삼별초 군사들은 개경으로 돌아가면, 몽골이 자신들을 살려 두지 않을 것을 알았어요. 그래서 해산 명령을 따르지 않고, 끝까지 몽골에 맞서 싸웠지요. 백성 가운데는 이런 삼별초는 지지하는 사람들도 있었습니다. 고려를 괴롭힌 몽골을 용서할 수 없었기 때문입니다. 이러한 사실을 바탕으로, 삼별초 항쟁에 대한 자신의 생각을 써 보세요.

4주 2일

핵심 콕콕 역사 퀴즈   130쪽

○ (1) 원 간섭기 (2) 충 (3) 공녀 (4) 정동행성

○ (1) 고려는 80년 동안 원나라의 간섭에 시달렸는데, 이 시기를 원 간섭기라고 부릅니다.

(2) 원나라는 고려의 왕을 부르는 이름에 원나라에 충성한다는 의미로 '충' 자를 넣게 했습니다.

(3) 원나라는 고려의 여인들을 몽골로 보내라고 요구했습니다. 이렇게 원나라로 끌려간 고려 여인을 공녀라고 불렀습니다.

(4) 원나라는 고려에 정동행성이라는 관청을 만들어 일본 정벌을 준비하게 했습니다.

서술·논술 완벽 대비   131쪽

❶ 원 간섭기에 많은 고려 여인이 공녀가 되어 몽골로 끌려갔습니다. 공녀는 혼인하지 않은 여인 가운데서 뽑았지요. 그래서 딸을 공녀로 보내지 않기 위해 일찌감치 여자아이를 혼인시키는 조혼 풍습이 생긴 것입니다.

❷ 원 간섭기에 고려의 왕자는 어린 시절부터 왕위에 오르기 전까지 원나라에서 지내야 했습니다. 고려의 왕들은 원나라 황실의 여인과 혼인해야 했지요. 또한 원나라는 고려의 왕을 마음대로 정하고, 왕을 부르는 이름에 '충(忠)' 자를 넣으라고 했습니다.

원나라는 고려에 엄청난 양의 공물도 요구했습니다. 고려에서는 '응방'이라는 관청을 만들어 매를 잡고 길들여 원나라에 보내야 했지요.

이외에도 고려 여인을 공녀로 보내고, 일본 정벌을 함께하는 등 갖가지 무리한 요구를 들어주어야 했습니다.

4주 3일

핵심 콕콕 역사 퀴즈   136쪽

○ (1), (3), (4), (5)

○ (2) 권문세족은 원나라에 아첨하며 권력을 누리던 사람들로, 원나라를 등에 업고 횡포를 일삼았습니다.

(6) 신돈은 고려의 개혁을 강하게 추진했는데, 권문세족의 힘을 꺾기 위해 '전민변정도감'이라는 관청을 설치했습니다. 그러자 권문세족은 갖가지 방법을 동원해 신돈을 궁지로 몰아넣었습니다.

서술·논술 완벽 대비   137쪽

❶ 공민왕은 원나라 풍습을 금지하고, 정동행성을 없앴습니다. 또한 몽골이 고려의 북쪽을 다스리려고 세운 관청인 쌍성총관부를 공격해 없애 버리고, 고려의 북쪽 땅을 되찾았습니다.

❷ 전민변정도감은 권문세족의 땅을 조사해 백성에게서 강제로 빼앗은 땅이 있으면 돌려주는 일을 했습니다. 그리고 억울하게 권문세족의 노비가 된 사람도 풀어 주었습니다.

핵심 콕콕 역사 퀴즈 142쪽

○ (1) × (2) ○ (3) ○ (4) ○ (5) ×

○ 최무선은 중국에서 온 상인을 통해 화약 만드는 법을 알아냈습니다.

문익점은 목화를 기르는 데 성공해 사람들에게 목화 재배 방법을 알려 주었습니다. 또한 목화솜에서 씨앗을 쉽게 빼는 방법과 물레를 이용해 솜으로 실을 잣는 방법도 알려 주었습니다.

서술·논술 완벽 대비 143쪽

❶ 일본의 해적 무리인 왜구가 고려의 바닷가 마을로 쳐들어와서 식량과 재물을 빼앗고 사람들을 해쳤습니다. 최무선은 왜구를 물리치기 위해 오랫동안 화약을 연구했고, 마침내 중국 상인을 통해 화약 만드는 법을 알아냈습니다. 이후 최무선은 화약 무기를 만드는 관청, '화통도감'을 만들고, 여러 화약 무기를 개발했습니다.

❷ 고려의 백성은 겨울에도 삼베옷을 여러 겹 껴입고 추위를 견뎌야 했습니다. 그러다 문익점과 그의 장인이 목화 재배에 성공하면서 사람들은 목화에서 얻은 솜으로 솜옷과 솜이불을 만들 수 있었습니다. 가난한 백성들도 추운 겨울을 따뜻하게 보낼 수 있게 된 것입니다.

핵심 콕콕 역사 퀴즈 148쪽

○ (1) → (4) → (7) → (10)

○ (2) 상감 청자는 귀해서 왕이나 귀족처럼 신분이 높은 사람들만 쓸 수 있었습니다.

(3) 고려는 세계 최초로 금속 활자를 발명했으며, 금속 활자로 책을 찍어 내기도 했습니다.

(5) 《삼국사기》는 인종 때 김부식이 쓴 책입니다.

(6) 《삼국사기》에는 신화나 전설처럼 신비로운 이야기는 담겨 있지 않습니다.

(8) 《삼국유사》는 충렬왕 때 일연 스님이 쓴 책입니다.

(9) 《삼국유사》에는 삼국의 역사를 비롯해 고조선과 부여, 가야에 대한 이야기도 담겨 있습니다.

서술·논술 완벽 대비 149쪽

❶ 청자는 푸르스름한 빛깔을 띠는 자기입니다. 고려는 중국에서 청자 만드는 기술을 받아들인 뒤, 이를 더욱 발전시켜 고려청자를 만들어 냈지요. 고려청자는 맑고 푸른빛을 띠는 것이 특징입니다. 고려청자에는 '상감'이라는 독특한 기법도 사용되었는데, 이렇게 만든 청자를 '상감 청자'라고 합니다. 고려 사람들은 여러 가지 물건을 청자로 만들어 사용했습니다.

이러한 내용을 바탕으로, 외국 친구들에게 고려청자를 설명하는 글을 써 보세요.

❷ 《삼국사기》는 인종의 명령으로 김부식이 젊은 학자들과 만든 역사책입니다. 50권으로 이루어졌지요. 유학자인 김부식은 《삼국사기》에 통일을 이룬 신라의 이야기를 많이 싣고, 신화나 전설은 싣지 않았습니다.

《삼국유사》는 충렬왕 때 일연 스님이 쓴 책으로, 다섯 권으로 되어 있습니다. 일연 스님은 《삼국유사》에 전설이나 신화, 노래 등을 실었습니다. 또한 삼국의 역사를 비롯해 고조선과 부여와 가야에 대해 쓰고, 고조선을 세운 단군 이야기도 담았습니다.

1주

12쪽 합천 해인사 길상탑(한국학중앙연구원) | 19쪽 경주 포석정지(한국학중앙연구원) | 21쪽 개태사 철확(강명운) | 24쪽 혁과대(태사묘관리위원회) | 31쪽 청주 용두사지 철당간(문화재청) | 32쪽 채인범 묘지명(국립중앙박물관)

2주

51쪽 거란의 글씨가 새겨진 거울(국립중앙박물관) | 56쪽 '청녕 사년'명 동종(국립중앙박물관) | 57쪽 귀주대첩 기록화(전쟁기념관) | 62쪽 나전 칠 합(국립중앙박물관) | 63쪽 단산오옥 명먹 · '황비창천' 청동 거울(국립중앙박물관) | 66쪽 연등 행사(문화재청) | 67쪽 청동 은입사 물가 풍경 무늬 정병(국립중앙박물관) | 68쪽 논산 관촉사 석조미륵보살입상(클립아트코리아), 〈수월관음도〉(국립중앙박물관) | 69쪽 대각국사 의천(한국학중앙연구원), 순천 송광사 고려 고문서(문화재청), 양산 통도사 국장생 석표(문화재청) | 72쪽 은제 금도금 잔과 잔 받침 · 봉황 장식 비녀(국립중앙박물관), 75쪽 조반 부부 초상(국립중앙박물관)

3주

85쪽 철제 투구 · 철제 작은 칼(국립중앙박물관), 윤관 영정(문화재청) | 87쪽 척경입비도(고려대학교박물관) | 92쪽 화순 운주사 와불(한국학중앙연구원) | 93쪽 청동 신선 무늬 거울(국립중앙박물관) | 96쪽 공민왕릉의 문인석과 무인석(위키미디어 커먼즈) | 97쪽 《무예도보통지》(한국학중앙연구원) | 99쪽 소자본 불정심관세음보살대다라니경(국립중앙박물관) | 103쪽 다인철소 출토 유물(국립청주박물관) | 104쪽 은제 용 모양 손잡이 · 청자 투각 용머리 장식 붓꽂이(국립중앙박물관) | 110쪽 처인성 전투 기록화(전쟁기념관) | 111쪽 팔만대장경 대장경판(강화역사박물관), 팔만대장경 목판본(국립중앙박물관), 해인사 장경판전(문화재청)

4주

127쪽 청자 여인상 촛대 · 청백자 물소를 탄 동자 모양 연적 | 128쪽 개성 경천사지 십층석탑(국립중앙박물관) | 132쪽 족두리(국립민속박물관) | 133쪽 〈기마도강도〉(국립중앙박물관) | 134쪽 공민왕과 노국 대장 공주의 초상(국립고궁박물관) | 139쪽 화약 다지개(국립진주박물관) | 140쪽 물레(국립전주박물관) | 133쪽 목화(셔터스톡) | 144쪽 청자 상감 모란문 표주박 모양 주전자(국립중앙박물관) | 145쪽 청자 상감 모란 국화 무늬 참외 모양 병 · 청자 상감 모란 구름 학 무늬 베개 · 청자 투각 칠보 무늬 향로 · 고려 금속 활자(국립중앙박물관), 직지심체요절(강화역사박물관), 청자 상감 구름 학 무늬 매병(국립중앙박물관) | 147쪽 부석사 무량수전(부석사), 삼국유사 · 삼국사기(국립중앙박물관)

MEMO